Romanistische Arbeitshefte   54

Herausgegeben von
Volker Noll und Georgia Veldre-Gerner

Sylvia Thiele

Didaktik der romanischen Sprachen

Praxisorientierte Ansätze für den Französisch-,
Italienisch- und Spanischunterricht

De Gruyter

ISBN   978-3-11-025382-5
e-ISBN   978-3-11-026500-2
ISSN   0344-676X

Library of Congress Cataloging-in-Publication Data
A CIP catalog record for this book has been applied for at the Library of Congress.

Bibliografische Information der Deutschen Nationalbibliothek
Die Deutsche Nationalbibliothek verzeichnet diese Publikation in der Deutschen Nationalbibliografie; detaillierte
bibliografische Daten sind im Internet über http://dnb.d-nb.de abrufbar.

© 2012 Walter de Gruyter GmbH & Co. KG, Berlin/Boston

Gesamtherstellung: Hubert & Co. GmbH & Co. KG, Göttingen
∞ Gedruckt auf säurefreiem Papier

Printed in Germany

www.degruyter.com

Vorwort

Die Verkürzung des Vorbereitungsdienstes und der Ausbau der Praxiselemente im Studium durch das Gesetz zur Reform der Lehrerausbildung für 2011 in Nordrhein-Westfalen stellen Schulen wie Universitäten vor vielfältige Herausforderungen: Ein zentraler Aspekt wird das Praxissemester sein, das, integriert in ein Modul des Masterstudiengangs mit Modulabschlussprüfung nebst Bilanz- und Perspektivgespräch, mindestens fünf Monate dauern und neben den Lehrveranstaltungen mindestens zur Hälfte des Arbeitszeitvolumens an Schulen geleistet werden soll.

Der Fachdidaktik wird erheblich mehr Raum im Studium zugedacht als bisher, was zunächst grundsätzlich positiv zu bewerten ist. Dieser Trend ist nicht nur in NRW festzustellen, in Studien- und Prüfungsordnungen sind die fachdidaktischen Anteile vielerorts erhöht worden. Eingebunden in Module der Bachelor- und Masterstudiengänge, die durch die Umsetzung des Bologna-Prozesses an den meisten Universitäten eingeführt worden sind, sind verschiedene Lehrveranstaltungen vernetzt: Einführungen der Grundlagen und Methodenfragen, Seminare zur Vertiefung ausgewählter fachdidaktischer Themen sowie Veranstaltungen zur Begleitung von Praxisphasen müssen angeboten werden.

Den Ausbildungsphasen müssen neue Schwerpunkte hinsichtlich der Vermittlung didaktisch-methodischer Handlungskompetenzen zugeordnet, der Stoffplan muss entsprechend angepasst werden. Für dieses Arbeitsheft wurden Themen ausgewählt, die sich aus der Auswertung verschiedener Befragungen von Studierenden, Referendarinnen und Referendaren, Gymnasial- und Hochschullehrerinnen und -lehrern sowie Fachleiterinnen und Fachleitern ergeben haben: Es sind die Fragen, die sich in der ersten und zweiten Phase der Ausbildung, aber auch in der Unterrichtspraxis stellen. Langjährige Erfahrungen sollen im Mittelpunkt stehen. Die Benutzer erhalten erste Einblicke in diese Problemfelder bzw. in didaktisch transformierte Lehrkomplexe zu diesen Themen, die in einem zweiten Schritt in ausgewählten Seminaren bzw. der Vorbereitungsveranstaltungen von Praxisphasen bis hin zum Praxissemester vertieft werden können.

Im Rahmen aller Praktika und im Unterricht in der zweiten Ausbildungsphase ist es möglich, erste, in dieser Einführung erworbene Vermittlungskompetenzen zu erproben und kritisch zu reflektieren. Das vorliegende Arbeitsheft *Einführung in die Didaktik romanischer Sprachen* kann aber weder eine umfassende Einführung in die Didaktik und Methodik romanischer Sprachen ersetzen, noch versteht es sich als Nachschlagewerk im Sinne eines Handbuchs zum modernen Fremdsprachenunterricht.

Den Benutzern dieser unterrichtspraktisch orientierten Einführung soll Material zur Verfügung gestellt werden, das im Sinne von Puren et al.[1] zum Arbeiten, also *[pour] se*

---

[1] Vgl. Bertocchini/Costanzo/Puren (2000).

former en didactique des langues [romanes] einlädt. Die sechs Kapitel sind in folgende Abschnitte gegliedert: Ein einführendes Kapitel dient der Annäherung an das jeweilige Thema. Mithilfe von Aufgaben werden Kenntnisse, subjektive Theorien und Erfahrungen eingeholt, die nach der Lektüre eines Kapitels reflektiert und anhand von Trainingsgegenständen erweitert werden sollen. Dazu werden Informationen zusammengestellt: Forschungsergebnisse sowie Berichte aus der Unterrichtspraxis. Jedes Kapitel schließt mit Aufgaben, deren Lösung die empfohlene Literatur unterstützt.

Einzelne Kapitel weisen sehr genaue Skizzen zur Planung und Durchführung von Unterrichtsstunden auf: Aus hochschuldidaktischer Sicht ist dies sinnvoll, will man doch eine Praxisphase effektiv vorbereiten, die mit einem Bericht abgeschlossen wird, der auch Unterrichtsprojekte umfassen soll, deren Redaktion sich aber sprachlich häufig als schwierig erweist.

Das vorliegende Material bezieht sich auf die romanischen Sprachen Französisch, Italienisch und Spanisch. Häufig müssen aus Lehrkapazitätsgründen an den Universitäten fächerübergreifende Einführungsveranstaltungen zur Didaktik der romanischen Sprachen angeboten werden[2]. Der Vermittlung jeder Sprache können jedoch spezifische didaktisch-methodische Aspekte zugeordnet werden, auch wenn verschiedene Fundamente auffällige Berührungspunkte aufweisen, die im Vergleich analysiert werden können. Für die universitäre Lehre kann diese Schwierigkeit genutzt werden, um zum Beispiel das Prinzip des selbsttätigen, entdeckenden Lernens durchzuführen, während man ein spezifisches Thema für den Unterrichtskontext erarbeitet. Studierende können auch Lesekompetenzen in einer romanischen Sprache trainieren, die nicht Zielsprache im Studium ist. Alternativ können für die Einzelsprachen bestimmte Kapitel bzw. Passagen ausgewählt und separat erarbeitet werden.

Für nahezu alle Studiengänge wird eine sehr gute Lesekompetenz im Englischen vorausgesetzt. Ein englischer fachdidaktischer Text mit zahlreichen metasprachlichen Elementen im Anhang verbunden mit einer „Aufgabe" dient zum einen dem Lesetraining, zum anderen einer selbständigen Erarbeitung fachdidaktischer Termini – immer auch im Hinblick auf die Übertragung dieser fachsprachlichen Elemente in die studierte romanische Zielsprache.

Dieses Arbeitsheft soll auf diese Weise einen Beitrag zur Beschäftigung mit institutionellem Fremdsprachenerwerb auch mehrerer romanischer Sprachen, der kritischen Reflexion ihrer Vermittlung sowie Planung und Organisation von Unterricht in Bezug auf eben diese leisten.

Münster, im August 2011   Sylvia Thiele

---

[2] Verschiedene Schulformen verdienten eine spezifische Einführung in didaktisch-methodische Fragestellungen. Da auch in diesem Kontext an Universitäten häufig seminarübergreifende Veranstaltungen angeboten werden, die dieses Arbeitsheft u. a. unterstützen soll, finden sich in den Fußnoten spezifische „Wegweiser", die die unterschiedlichen Zielgruppen leiten sollen.

Inhalt

Abkürzungsverzeichnis

BILI:	Bilingualer Unterricht
FD FRZ:	Fachdidaktik Französisch, hrsg. von A. Nieweler
FD SPA:	Fachdidaktik Spanisch, hrsg. von A. Grünewald und L. Küster
FFU:	Frühbeginnender Fremdsprachenunterricht
FSU:	Fremdsprachenunterricht
FSU Frz:	Der fremdsprachliche Unterricht Französisch
FSU Spa:	Der fremdsprachliche Unterricht Spanisch
GER:	Gemeinsamer europäischer Referenzrahmen
HB FD:	Handbuch Didaktik
HB FSU:	Handbuch Fremdsprachenunterricht
KC:	Kerncurriculum
RomSD:	Zeitschrift für Romanische Sprachen und ihre Didaktik
ZAbi:	Zentralabitur

1. Didaktik und Lehrerausbildung im Kontext Fremdsprache

Ziel einer fachdidaktischen Ausbildung in einem Bereich des Fremdsprachenunterrichts ist es, zukünftige Lehrerinnen und Lehrer der Fächer Französisch, Italienisch und Spanisch auszubilden, die unter einem analytischen Blickwinkel Lehr- und Lernprozesse beschreiben, interpretieren und auswerten können. Im Hinblick auf ihr Fach − bei Bedarf auch interdisziplinär − sollen sie operativ Lern- und Bildungsprozesse anregen, fördern bzw. ermöglichen. Sie sollen, um dem normativen Aspekt Rechnung zu tragen, dabei auch in der Lage sein, Bildungsziele und -inhalte fachbezogen relevant zu setzen. Die Kenntnis von Rahmenbedingungen und curricularen Forderungen sowie Handlungs- und Reflexionskompetenz in Bezug auf Fremdsprachenunterricht sind dabei zentral. Die Vernetzung der Bezugswissenschaften[3] Sprachwissenschaft, Literaturwissenschaft, Erziehungswissenschaft, Psychologie, Sozialwissenschaft, Landeswissenschaft und Medienpädagogik mit der Fremdsprachendidaktik spielt eine wichtige Rolle.

> Fremdsprachendidaktik und Sprachlehrforschung sind Wissenschaften, die sich mit dem Lehren und Lernen fremder Sprachen in allen institutionellen Kontexten und auf allen Altersstufen befassen [...] (Bausch/Christ/Krumm HB FSU, 1).

Didaktik als übergreifende Wissenschaft von Unterricht beschäftigt sich mit dem an offiziellen curricularen Vorgaben orientierten, dem organisierten, verbindlichen, zielgerichteten und effektiven Lehren und Lernen in Bildungseinrichtungen; zentrales Anliegen der Fremdsprachendidaktik ist der Fachunterricht in den Fremdsprachen.

Didaktik und Methodik kann man mit Wolfgang Klafki abgrenzen: Auf der einen Seite geht es um das Festlegen von Bildungsinhalten – was soll unterrichtet werden? –, auf der anderen Seite um die Frage, wie unterrichtet werden soll, d.h., um methodische Vermittlungsmöglichkeiten dieser Inhalte. In der Praxis sind diese Bereiche immer eng vernetzt und deshalb schwierig zu trennen. Helene Decke-Cornill und Lutz Küster betonen aus diesem Grund die kontinuierliche Interaktion der analytischen, normativen und operativen Dimension der Didaktik. Hauptaspekte sind dabei die deskriptive Erfassung, Analyse und Evaluation von Lehr- und Lernprozessen, die begründete Hierarchisierung von Bildungszielen und -inhalten sowie Organisationsformen und schließlich die Frage nach Methoden und Inszenierungsformen von Lehren und Lernen (vgl. Decke-Cornill, Küster 2010, 4f).

Auf die resultierenden Fragen, wie Bildungsprozesse angeregt, gefördert und ermöglicht werden, welche Aspekte zur Ausbildung und Professionalisierung (zukünftiger)

---

[3] Vgl. FD FRZ, 15ff sowie FD SPA, 42ff.

Lehrer[4] beitragen, werden die folgenden Kapitel Antworten bereitstellen. Methodische Überlegungen, wie unterrichtet werden soll, sind dabei zentral.

Will man einen knappen Überblick über die wichtigsten Ansätze, Vermittlungsstrategien und Methoden geben, lässt sich festhalten, dass seit dem 19. Jahrhundert der Fremdsprachenvermittlung im Schulkontext verschiedene Methoden zugeordnet werden können, wenn auch die Abgrenzung in der historischen Entwicklung nicht immer eindeutig gelingen kann. Häufig bestanden und bestehen Methoden nebeneinander (vgl. Fäcke 2010, 33).

So stand im 19. Jahrhundert die Grammatik-Übersetzungs-Methode im Mittelpunkt des Fremdsprachenunterrichts. Sie orientierte sich hinsichtlich der Vorgehensweisen an den klassischen Fächern Griechisch und Latein, die kontrastive grammatische Analyse und die Übersetzung − in der Regel literarischer Texte − bestimmten die Arbeit im Klassenverband.

Ihr folgte die direkte Methode, bei der die Muttersprache im Unterricht ausgeschlossen war. Immersion in die Fremdsprache kennzeichnet diese Vermittlungstechnik. Sie markiert − verglichen mit der Grammatik-Übersetzungs-Methode − einen gegensätzlichen Zugang zum Erwerb der Zielsprache.

In den dreißiger bis fünfziger Jahren des 20. Jahrhunderts trat die audiolinguale Methode auf den Plan: Die vier sprachlichen Fertigkeiten hören, lesen, sprechen, schreiben werden in Anlehnung an den natürlichen Spracherwerb chronologisch vermittelt. In einem weitgehend zielsprachlich orientierten Unterricht, in dessen Zentrum Kommunikationssituationen stehen, spielen Pattern-drill-Übungen eine wichtige Rolle, d.h. eindimensionale, gleichförmige Übungsmuster wurden in Blöcken trainiert. Imitation und Wiederholung sollten den Fremdsprachenerwerb positiv beeinflussen (vgl. Fäcke 2010, 38f).

Die audiovisuelle Methode ebnete den Weg für neue Ziele und Inhalte des Fremdsprachenunterrichts, vor allem auch, was die Integration elektronischer Medien betrifft. Die Kombination von Filmen und Hörtexten wurde fokussiert, um Sprache in situativen kommunikativen Kontexten einzubetten.

> Wenn Sprache vor allem als Mittel zur Kommunikation betrachtet wird, dann geht es im Sprachunterricht darum, dass Lernende möglichst schnell das wichtigste, weil am häufigsten auftretende Vokabular sowie zentrale grammatische Strukturen beherrschen sollen, um Kontakte mit Sprechern des Französischen [Italienischen oder Spanischen[5]] kommunikativ zu bewältigen. Dabei wird die erfolgreiche Kommunikation für wichtiger erachtet als die Orientierung an komplexen sprachlichen Strukturen, die in der Praxis nicht benutzt werden können, weil der Lerner sie noch nicht gut genug beherrscht (Fäcke 2010, 42).

---

[4] Aus Gründen der Lesbarkeit werden die in dieser Einführung im Folgenden genannten, am Bildungsprozess beteiligten Gruppen weitestgehend durch die maskuline Pluralform bezeichnet, die stellvertretend für beide Geschlechter verwendet wird.

[5] Ergänzung durch die Verfasserin.

In den siebziger Jahren bewirkte die kommunikative[6] Methode schließlich eine substantielle Veränderung des Fremdsprachenunterrichts. Sie wird bis heute stetig weiterentwickelt. Orientiert an linguistischer Pragmatik rücken authentische Kommunikationssituationen in den Mittelpunkt des Unterrichts. Weniger die vollständige sprachliche Richtigkeit[7] hinsichtlich Grammatik und Wortschatz, vielmehr die Fähigkeit der Schüler, in Gesprächssituationen angemessen zu kommunizieren, nimmt einen hohen Stellenwert ein. Eine starke inhaltliche Orientierung an den Interessen der Zielgruppe findet statt. Es werden darüber hinaus Aufgabentypen entwickelt, die die Selbsttätigkeit der Schüler fördern. Sie sollen in der Lage sein, sprachliche Phänomene und Prozesse selbständig zu entdecken und anschließend anzuwenden.

Fremdsprachenunterricht als soziales Ereignis umfasst heute das gemeinsame Entdecken, Erarbeiten, Analysieren und Reflektieren einer Fremdsprache mit dem Ziel, vor allem interkulturelle und kommunikative Kompetenzen zu erwerben.

Das niedersächsische Kerncurriculum für das Fach Französisch gruppiert die auf Schülerseite zu erlangenden Kompetenzen um den Eiffelturm. Auf der hier folgenden Graphik (KC NDS, 11) werden – zusätzlich zu den kommunikativen Kompetenzen – die Methoden-, die soziale und personale, eine mehrsprachigkeitsdidaktisch orientierte und als vorrangige die interkulturelle Kompetenz genannt. Auch hier bieten die folgenden Kapitel Einblicke in die Unterrichtspraxis, wie diese Kompetenzen durch unterrichtliches Handeln in Bezug auf die Sprachen Französisch, Italienisch und Spanisch vermittelt werden können.

---

[6] Alternative Methoden außerhalb der Schule, wie z.B. Suggestopädie, Superlearning, Total Physical Response, Community Language Learning, Psychodramaturgie, seien hier nur erwähnt, spielen für die Unterrichtsplanungen und -analysen dieser Einführung in Fremdsprachenunterricht im Schulkontext keine Rolle.

[7] Gemeint ist hier nicht die Akzeptanz aller Fehler, lediglich ein Korrekturverhalten, dass durchaus sprachliche Richtigkeit einfordert, in spezifischen Unterrichtsphasen jedoch eine Schwerpunktverschiebung auf Verständigung in der Zielsprache zulässt.

4

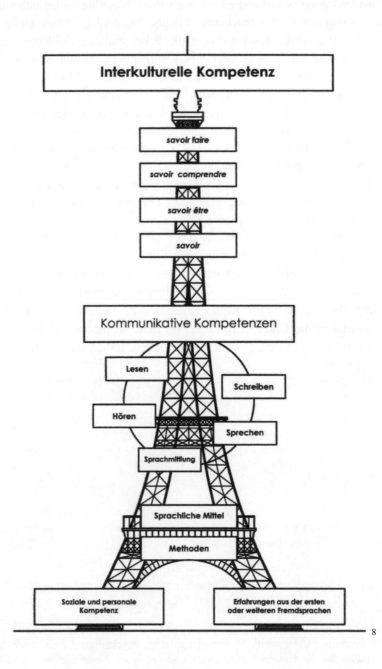

Interkulturelle Kompetenz

savoir faire

savoir comprendre

savoir être

savoir

Kommunikative Kompetenzen

Lesen

Schreiben

Hören

Sprechen

Sprachmittlung

Sprachliche Mittel

Methoden

Soziale und personale
Kompetenz

Erfahrungen aus der ersten
oder weiteren Fremdsprachen

[8]

---

[8] Graphik: KC Niedersachsen, 11

Im Rahmen der Fremdsprachenlehrerausbildung stellt sich immer die Frage nach der Gewichtung der Reflexions- und Handlungskompetenzen, die im Rahmen didaktischer Lehrveranstaltungen vermittelt werden sollen bzw. können.

Dazu positionieren sich Lehrende an deutschen Universitäten durchaus konträr: Trotz nahe liegender engerer Vernetzung der ersten und zweiten Ausbildungsphase wird nicht selten die strikte Trennung und daraus resultierende Zuordnung spezifischer Aufgaben zur Universität, zum Studienseminar bzw. zum Zentrum für schulpraktische Lehrerausbildung oder zur Schule favorisiert.

Die fremdsprachendidaktische Forschung hat sich allerdings seit mehreren Jahren so positioniert, dass dazu aufgefordert wird, Fachwissenschaft und Praxisorientierung besser zu integrieren, und zwar ausgehend von einer Autonomie der Fachdidaktik,

> die es ihr erlaubt, berufsorientierte Fragen an die Philologien zu richten und bei der Umsetzung fachtheoretischer Konzepte in didaktische Modelle auf die spezifischen Bedingungen der unterrichtspraktischen Handlungskompetenz zu achten (Schumann, Steinbrügge 2008, 7).

Unter diesem Gesichtspunkt sind Reflexions- bzw. Handlungskompetenzen und ihre Vermittlung nicht voneinander zu trennen, sondern im Gegenteil sehr eng zu verbinden: Die an der Lehrerausbildung beteiligten Institutionen müssen gemeinsam für die Ausbildung beider Kompetenzen Sorge tragen, besonders mit Blick auf eine z.B. in NRW bereits anvisierte Verkürzung des Referendariats auf zwölf Monate. Eine hohe Qualität der Lehrerausbildung über einen längeren Zeitraum hinweg muss gewährleistet werden. Wie sollte sonst die erfolgte Unterrichtsplanung und -durchführung im Rahmen einer Prüfung angemessen reflektiert werden können? Die für die universitäre Lehre häufig geforderte Auswertung und Besprechung von Unterrichtsbeobachtungsbögen während der Praxisphasen wird kaum ausreichen, besonders deshalb nicht, weil prinzipiell direkt mit Referendariatsbeginn bedarfsdeckender Unterricht von Referendaren eingefordert werden kann.

> Insgesamt sollte Richtschnur der Gestaltung der universitären Lehre das Bewusstsein sein, dass das Lehren und Lernen in universitären Lehrveranstaltungen als Modelllernen für die Studierenden fungiert und somit eine indirekte Vorbereitung auf die spätere Organisation schulischer Lernprozesse darstellt (Caspari 2008, 33).

Die Fachdidaktik als Wissenschaft des Unterrichts in spezifischen Fächern ist gerade im Hinblick auf die genannten Bezugswissenschaften interdisziplinär aufgestellt. Auch in diesem Kontext muss die traditionell enge Vernetzung weiterhin gepflegt werden: Die genannten Disziplinen sind für Entscheidungsprozesse im Hinblick auf Planung und Durchführung von Unterricht, also auf das Lernen und Lehren von Fremdsprachen, zu berücksichtigen, die Fachdidaktik profitiert von diesem übergreifenden Ansatz (vgl. FD SPA, 42).

6

Aufgaben

1. Erinnern Sie sich an Ihren Fremdsprachenunterricht in einer oder mehrerer romanischer Sprachen. Warum haben Sie sich für den Erwerb genau dieser Sprache(n) entschieden und warum haben Sie einen Lehramtsstudiengang gewählt?
2. Lesen Sie Einheit 2 „Berufswunsch Französischlehrer/in" aus Christiane Fäckes *Fachdidaktik Französisch* (Fäcke 2010) bzw. Einheit 2, „Berufswunsch Spanischlehrer/in" aus der *Fachdidaktik Spanisch* (Fäcke 2011).

2. Lernerfahrungen mit romanischen Sprachen in der Schule

Europäische Bürger sollen seit 2010 neben ihrer Muttersprache über Kenntnisse in zwei weiteren europäischen Sprachen verfügen, um kommunikativ und interkulturell handlungsfähig zu sein. Diese Kompetenzen können Grundlage für eine lebenslange Beschäftigung mit fremden Sprachen werden.

In verschiedenen Ländern Europas, aber auch außerhalb dieses Kontinents, werden romanische Sprachen gesprochen. Der Berufswunsch, eine solche zu unterrichten und die geforderten Kompetenzen zu vermitteln, ist deshalb nachdrücklich zu unterstützen.

„Französisch ist einfach schön!" ist ein Satz, in dem Französisch durch Italienisch oder Spanisch ersetzt werden kann und der sehr häufig von Studierenden der Romanistik genannt wird, fragt man sie nach ihrer Motivation für ein Studium einer oder mehrerer romanischer Sprachen. Auch wenn er zunächst wenig aussagekräftig und deutlich subjektiv erscheint, wird man bei genauerer Überlegung wohl zustimmen wollen. Dieses Urteil kann sich auf den Klang der Sprachen beziehen, denkt man u.a. an Italienisch als Sprache der Musik, es kann sich auf Literatur, auf Filme oder auf Musikproduktionen beziehen, mit denen man sich in seiner Freizeit beschäftigt. Möglicherweise wird der Urlaub in einem romanischsprachigen Land verbracht, weil dessen vielfältige Kultur besonders geschätzt wird. Vielleicht möchte man mit den Nachbarn in deren spanischer Muttersprache sprechen können. Kurz: Man kann viele Gründe dafür finden, eine romanische Sprache zu lernen[9].

Die Wurzel der romanischen Sprachen, das Lateinische, ist etwa 2500 Jahre alt. Durch die Eroberungen Roms und die immer weiter greifende Ausbreitung des römischen Reiches über Jahrhunderte hinweg konnte sich das Lateinische, vor allem die gesprochene Sprache, in weiten Teilen Europas etablieren. Viele Gebiete waren eine Zeit lang zweisprachig, bis sich die lateinische Sprache durchgesetzt und in der Form der romanischen Sprachen bis heute erhalten hat. An dieser Stelle soll die Entwicklung dieser Sprachen aus dem Lateinischen nicht näher betrachtet, dafür aber festgehalten werden, dass in der romanischen Sprachfamilie die einzelnen Mitglieder viele Gemeinsamkeiten, aber auch durch spezifische Entwicklungen sprachliche und kulturelle Unterschiede aufweisen. Wesentliche, für den Erwerb relevante Aspekte zu den drei großen[10]

---

[9] Aktuelle Statistiken, die über die Zahl der Lerner in verschiedenen Institutionen informieren, liefern die Internetseiten des statistischen Bundesamtes, Fachserie Bildung und Kultur.

[10] Hierbei bezieht sich „groß" auf die relative Sprecherzahl der Sprachen, keinesfalls soll diesen drei Sprachen und Kulturen eine besonders herausgehobene Stellung zugeordnet werden. Die zu schützende Sprachenvielfalt Europas ordnet u.a. jeder romanischen Sprache einen festen Platz im Sprachengefüge unseres Kontinents zu. Es ist mit Nachdruck zu empfehlen, im Rahmen eines Romanistik-Studiums über den Tellerrand zu schauen und eine ‚kleinere' romanische Sprache kennenzulernen.

Sprachen – Französisch, Italienisch und Spanisch – sollen im Folgenden festgehalten werden.

Alle drei Sprachen sind wichtige Kultur- und Handelssprachen[11] in und außerhalb Europas. Junge Menschen – Schülerinnen und Schüler - interessieren sich für die Kulturen im Kontext dieser Sprachen, neben Filmen stehen hier vor allem Musikproduktionen im Vordergrund. Aber auch durch Reisen und Schüleraustauschfahrten gewinnen diese Sprachen an Relevanz. Die notwendige Sensibilisierung für die unterschiedlichsten Produkte aus diesen Zielsprachenländern, die Schüler in Deutschland konsumieren, unterstreicht nicht zuletzt, wie viel Französisches, Italienisches und Spanisches viele Lerner täglich umgibt.

Französisch wird in Deutschland von der Mitte des 19. Jahrhunderts an als die meistgelernte Fremdsprache an höheren Schulen unterrichtet, nach dem Zweiten Weltkrieg rangiert es nach Englisch an zweiter Stelle (vgl. FD FRZ, 30). Italienisch ist handelspolitisch an zweiter Stelle, nach Französisch, aber vor Spanisch einzuordnen (vgl. Reimann 2009, 5). *„El español es la tercera lengua más hablada del mundo"*, zitieren Andreas Grünewald und Lutz Küster (vgl. FD SPA, 10) das *Instituto Cervantes*, um eine besondere Stellung des Spanischen beim Fremdsprachenerwerb zu untermauern.

Liest man verschiedene fachdidaktische Beiträge zu den romanischen Sprachen, gewinnt man zuweilen den Eindruck, dass die Einzelsprachen hinsichtlich des bevorzugten Erwerbs in eine Konkurrenzsituation getreten sind. Alle Schulfremdsprachen, auch die romanischen, die nach Englisch gelernt werden, sind an Schulen längst in diese Lage geraten: Was wählen die Schüler? Oder: Welche Sprachen soll man anbieten, um die meisten Schüler an die Schule zu binden? Welche Sprache ist die beliebteste? Welche wird am meisten gesprochen? Welche ist aus wirtschaftlicher Sicht die wichtigste? Welche lässt sich am leichtesten lernen?

In der Diskussion, welche romanische Sprache nun gelernt werden sollte, stößt man auf Argumente, die kritisch reflektiert werden sollten, besonders dann, wenn es für weiterführende Schulen darum geht, möglichst viele Schüler zu überzeugen, eine bestimmte Schule zu besuchen.

Ein Problem besteht zum Beispiel darin, dass Schüler am Gymnasium infolge der Einführung des Abiturs nach 12 Schuljahren nach Englisch nur noch eine zweite Fremdsprache wählen. Für eine dritte – häufig in der 8. und 9. Stunde – bleibt kaum noch Zeit. Der Stoffplan und der Nachmittagsunterricht lassen auch sehr gute Schüler auf eine dritte Fremdsprache verzichten, die beispielsweise u.a. in Niedersachsen auch schon im dritten gymnasialen Jahr gewählt werden muss.

Diese Einführung verfolgt deshalb ausdrücklich das Ziel, keinerlei Wertung hinsichtlich der einzelnen Sprachen oder gar Tipps zum Anwahlverhalten auf Schülerseite zu geben, also keine Marktanteilsgewinne zu Lasten der Konkurrenten zu unterstützen. Im

---

[11] Aktuelle Daten zu Außenhandelsbilanzen können unter http://www.destatis.de ermittelt werden.

Gegenteil, sie will – um ein Bild aus der Wirtschaft zu verwenden – regulierend auf einen Markt wirken, um wichtige Güter, Bildungsgüter, zu schützen und nachhaltig vorzuhalten.

Es gibt übergeordnete Bildungsziele, die soziale, die interkulturelle Kompetenz sowie Methoden- und Medienkompetenzen, die sich mithilfe des Erwerbs jeder dieser Sprachen erreichen lassen und für die es nicht unmittelbar entscheidend ist, die oben angerissenen Fragen exakt zu beantworten. Nur so viel sei an dieser Stelle schon festgehalten: Romanische Sprachen und Kulturen sind komplex, jede auf ihre Weise.

Die folgenden Kurzdarstellungen zu drei romanischen Sprachen sollen Vorurteile aus der Welt schaffen und zu einer Reflexion über Sprachenwahl anregen. Es ist wenig sinnvoll, auf Kosten anderer Fächer das eigene hervorzuheben. Als (zukünftiger) Lehrer sollte man fair für seine Fächer werben.

Aufgabe

1. Notieren Sie, was Ihnen hinsichtlich der neu zu erwerbenden Zielsprache in den ersten Lernjahren eher leicht, was hingegen eher schwer fiel.

2.1 Französisch

Berücksichtigt man Fachliteratur und wertet Befragungen von allen am Fremdsprachenerwerbsprozess Beteiligten aus, lassen sich vergleichbare Erfahrungsschwerpunkte zu den drei hier behandelten romanischen Sprachen ermitteln.

Die u.a. linguistisch motivierte Beschreibung der Einzelsprachen dient hier zum einen zur Unterstützung des „Blicks über den Tellerrand" der Zielsprache, zum anderen ist der Strukturerwerb neben der Wortschatzarbeit ein wichtiger Bestandteil der Lehrwerkarbeit, die im Zentrum des ersten Teils dieses Arbeitsheftes steht. Weitere zentrale Herausforderungen beim Lernen und Lehren romanischer Sprachen, die die Lesefertigkeit, insbesondere auch Hör- und die Hör-/Seh-Fertigkeit und den Ausbau interkultureller Kompetenzen betreffen, werden im zweiten Teil im Rahmen des Schwerpunkts Textarbeit erörtert.

Obwohl kaum mehr als 5% der Weltbevölkerung als frankophon[12] bezeichnet werden kann und nur etwa 3% aller Internetseiten auf Französisch redigiert sind, spielt diese Sprache im deutschsprachigen Mitteleuropa, vor allem in Deutschland, eine wichtige

---

[12] Die Zahl bezieht sich auf Französisch als Erstsprache (L1), als Zweit- bzw. als gelegentlich benutzte Sprache (L2) und auf Französisch als Fremdsprache (Vgl. Decke-Cornill/Küster 2010, 15).

Rolle: Der Nachbarstaat Frankreich ist fünftgrößte Wirtschaftsmacht und viertgrößtes Exportland der Welt (vgl. Raabe HB FSU, 533). Immer häufiger gehören Französischkenntnisse zu einer besonderen beruflichen Qualifikation der Bürger, da Englisch im wirtschaftlichen, wissenschaftlichen und politischen Dialog die Führungsrolle beansprucht und Englischkenntnisse (vgl. Raabe HB FSU, 534) lediglich den Normalfall bedeuten. Für eine differenzierte internationale Kommunikation, für die Medienrezeption[13], für den Erwerb einer (inter)kulturellen Kompetenz in Europa und der Welt und nicht zuletzt für das touristische Interesse erfährt der Erwerb der französischen Sprache eine besondere Bedeutung.

Da bildungspolitische Fragen in Deutschland durch den Föderalismus in der Hand der Landesregierungen liegen, lässt sich die Unterrichtssituation hinsichtlich aller Fremdsprachen nur differenziert nach Regionen bzw. Ländern darstellen. In den Bundesländern, die an Frankreich grenzen, wird Französisch häufig auch im Primarbereich als erste Fremdsprache gelernt, bundesweit wird jedoch Englisch in der Grundschule unterrichtet, das folglich auch in Klasse 5 an den weiterführenden Schulen als Pflichtfremdsprache angeboten wird.

Einer der wahrscheinlichen Gründe für die häufige frühe Abwahl des Französischen ist sein Ruf, es sei im Vergleich zum Englischen möglicherweise schwerer zu lernen. Eine zusätzliche Belastung durch eine dritte Fremdsprache am Gymnasium, häufig Latein, trägt auch dazu bei, dass die französische Sprache noch nicht einmal so lange gelernt wird, dass eine eingeschränkte kommunikative Kompetenz erreicht werden kann. Dafür besteht aber in der Erwachsenenbildung an Volkshochschulen, in verschiedenen Unternehmen und Betrieben, an Universitäten etc. eine hohe Nachfrage nach Möglichkeiten, diese Sprache zu erwerben.

Im Französischunterricht wird das *français standard* unterrichtet, jedoch auch diaphasische, diastratische und diatopische Varietäten finden ihren Platz, um den Lernern adäquate Kenntnisse für unterschiedliche Kommunikationssituationen zu vermitteln, sei es z.B. während der Austauschfahrt, sei es bei der Lektüre eines Zeitungsartikels, der im Regionalfranzösisch Kanadas verfasst wurde. Die Unterscheidung zwischen geschriebenem und gesprochenem Französisch sowie die Charakteristika der Sprache im Internetchat und die der Kurzmitteilungen via Mobiltelefon müssen in diesem Zusammenhang ebenfalls Berücksichtigung finden.

Für Französischlerner mit Deutsch als Muttersprache ergeben sich vielfältige Schwierigkeiten beim Spracherwerb, wie die langjährige Unterrichtserfahrung vieler Lehrkräfte an Schulen und Universitäten zeigt. Es sind vor allem der Konsonant ‹s› in verschiedenen Positionen und der Vokal ‹i›, die Nasale, das *e-muet*, die *liaison*, die *chaîne parlé* und die Homophonie im phonetisch-phonologischen Bereich zu nennen.

---

[13] Für fortgeschrittene Lerner bieten Medien, vor allem auch Textmedien der frankophonen Welt, Gelegenheiten, sich über Frankreich hinaus mit der französischen Sprache zu beschäftigen.

Aussprache und Hörverstehen werden erschwert. Lerner empfinden den deutlichen Unterschied zwischen Laut- und Schriftbild als schwierig, ebenso die Akzente.

Umfangreiche flexionsmorphologische Kenntnisse müssen erworben, Kongruenzregeln hinsichtlich Genus und Numerus beachtet werden. Ein ebenfalls reiches Verbformeninventar für die einzelnen Tempora und Modi ist zu überblicken, *code écrit* bzw. *code parlé* sind in diesem Zusammenhang zu berücksichtigen. Unregelmäßige Verben sind frequent, die Irregularitäten jedoch in sich auch systematisch.

Zwei weitere Bereiche stellen für den Erwerb aller romanischen Sprachen eine Schwierigkeit für Lerner mit Deutsch als Muttersprache dar: Es handelt sich zum einen um den Aspekt der Vergangenheit sowie zum anderen um den „romanischen Konjunktiv", hier für Französoisch um den *subjonctif*.

Besonders kompliziert erweist sich im Anfangsunterricht die Vermittlung des Teilungsartikels nebst *de* in Verbindung mit der Negation. Im weiteren Verlauf des Spracherwerbs müssen längere Trainingsphasen für Personalpronomina bzw. Klitika, deren Stellung, Reihung und ggf. die Wiederaufnahme des direkten vorangehenden Objekts durch ein Klitikum vorgesehen werden.

Deutsche Komposita im Nominalbereich bieten häufig Schwierigkeiten bei der Wiedergabe im Französischen. Die verbale Auflösung, die für romanische Sprachen allgemein charakteristisch ist, muss immer wieder geübt werden, da sie die lexikalische Kompetenz hinsichtlich des aktiven Wortschatzes deutlich erhöht. In diesem Zusammenhang seien noch abschließend Idiomatik und Verbvalenzen genannt, die Lernschwierigkeiten bieten können.

Bei der Planung und Durchführung vor allem des Anfangsunterrichts müssen intensive Wortschatzarbeit und die geschilderten, teilweise komplexen Phänomene berücksichtigt werden. Durch geschickte methodische Zugriffe kann durchaus motiviertes Lernen im Unterricht stattfinden, Ideen und Anregungen dazu finden sich in den folgenden Kapiteln dieser Einführung.

Aufgaben

1. Lesen Sie Horst Raabes Artikel *Französisch* im HB FSU sowie Franz-Josef Meißners Artikel in *französisch heute*, 32 (2001b) 251-272. Reflektieren Sie die Herausforderungen, die sich aus der dominanten Rolle des Englischen für den Fremdsprachenerwerb an den allgemeinbildenden Schulen ergeben können.
2. Ermitteln Sie Beispiele für diaphasische, diastratische und diatopische Varietäten des Französischen.
3. Informieren Sie sich über den Grundwortschatz, der nach etwa vier Lernjahren erworben worden sein soll. Konsultieren Sie dazu die entsprechenden Vokabellisten der Lehrwerke oder der Publikationen, die als Nachschlagewerke den „Grundwortschatz" im Titel ankündigen.

2.2 Italienisch

Italienisch zählt in verschiedenen europäischen Ländern, vor allem aber in der Bundesrepublik Deutschland zu den meistgelernten Fremdsprachen: Italien ist ein beliebtes Reiseland der Deutschen. In zahlreichen Branchen, man denke z.B. an Lebensmittel- und Automobilmarken, an Kleidung und Schuhe, werden italienische Produkte angeboten, Italien ist einer der wichtigsten Handelspartner Deutschlands[14]. In der Bundesrepublik stammen fast 10% der Bürger mit Migrationshintergrund aus Italien.

> Hinzu kommt natürlich das vielfältige Interesse an der großen Kulturnation Italien, das sich nicht quantifizieren lässt (Krings HB FSU, 538).

Der Wunsch nach bzw. Bedarf an Italienischunterricht ist aus den genannten Gründen evident: Italienisch zu lernen dient dem Erwerb einer (inter)kulturellen Kompetenz in Europa. Auch in diesem Bereich gilt, dass die Bildungspolitik in Deutschland durch den Föderalismus von den Landesregierungen bestimmt wird, so dass auch hier Unterschiede für die einzelnen Bundesländer[15] festzuhalten sind. Es gibt Italienischunterricht bereits im Primarbereich, an allen weiterführenden Schulen, auch als Pflichtfremdsprache, an Universitäten und in Einrichtungen der Erwachsenenbildung.

Eine überschaubare Zahl phonetisch-phonologischer Besonderheiten (vgl. Krings HB FSU, 541) erleichtert den Einstieg in die italienische Sprache. Wie auch in anderen romanischen Sprachen gibt es zahlreiche Fremdwörter lateinischen Ursprungs, die auch im Deutschen vorkommen und deshalb leicht wiederzuerkennen sind.

Ein italienisches und allgemein romanisches Charakteristikum sind Aussprachespezifika hinsichtlich der Kombinationen der Konsonanten ‹c› und ‹g› mit den Vokalen ‹a›, ‹o›, ‹u› bzw. ‹e› und ‹i›. Die Qualität der Vokale, die Differenzierung stimmhafter und stimmloser Konsonanten und der Konsonant ‹r› als Zungen-R stellen phonetische Herausforderungen dar (vgl. Krings HB FSU, 541). Die Betonung der Silben, die im Spanischen mittels vier einfacher Regeln festgelegt ist, gelingt im Anfangsunterricht häufig nur schwer: Exemplarisch sollen hier die Betonung der dritten Person Plural Indikativ Präsens, der *passato remoto*- sowie Verbformen mit enklitischen Pronomina und die *parole sdrucciole, bisdrucciole* oder *trisdrucciole*, also die Wörter, die die Betonung auf der dritt-, viert- oder fünftletzten Silbe tragen, genannt werden.

Möglicherweise ergeben sich Lernschwierigkeiten im Bereich der Morphosyntax und der Grammatik. Das Artikelsystem, zusätzlich die Kontraktionsformen mit Präpositionen, sind komplex: Beim Erwerb des Italienischen sind als häufige Fehlerquellen u.a. der Artikel vor Possessiva in spezifischen Fällen, das Pronominalsystem, der *congiun-*

---

[14] Aktuelle Daten zu Außenhandelsbilanzen können auch in diesem Fall unter http://www.destatis.de ermittelt werden.

[15] Vgl. zur Situation des Italienischunterrichts in den einzelnen Bundesländern die sehr detaillierte Darstellung bei Reimann 2009, 25 ff.

tivo, auch in Bedingungssätzen im Unterschied zum Französischen und Englischen, die Beachtung der Regel für die Verwendung des *condizionale passato* in indirekter Rede mit einem Redeverb in der Vergangenheit sowie der Aspekt zu nennen.

Diese Herausforderungen im strukturellen und lexikalischen Bereich müssen im Italienischunterricht gemeistert werden. Die im 3. Kapitel vorgestellten didaktisch-methodischen Vorgehensweisen ermöglichen einen effektiven, zielgerichteten und motivierenden Einstieg in die Fremdsprachen.

Aufgaben

1. Lesen Sie Hans P. Krings Artikel *Italienisch* im HB FSU sowie Daniel Reimanns Text *Zur Entwicklung des schulischen Italienischunterrichts in der Bundesrepublik Deutschland* in seinem Sammelband *Italienischunterricht im 21. Jahrhundert* 2009, 13-51. Reflektieren Sie die Herausforderungen, die sich aus der Rolle weiterer wichtiger europäischer Sprachen als Pflichtfremdsprachen für den Italienischunterricht an den allgemeinbildenden Schulen ergeben können.
2. Informieren Sie sich über den Grundwortschatz, der nach etwa vier Lernjahren erworben worden sein soll. Konsultieren Sie dazu die entsprechenden Vokabellisten der Lehrwerke oder der Publikationen, die als Nachschlagewerke den „Grundwortschatz" im Titel ankündigen.

2.3 Spanisch

Spanisch wird von 6% der Weltbevölkerung gesprochen, es nimmt den dritten Platz im Ranking der meistgesprochenen Sprachen nach Chinesisch und Englisch ein (vgl. Barrera-Vidal HB FSU 570 und FD SPA, 10). In der Liste der meist gelernten Fremdsprachen hat es ebenfalls den dritten Platz erobert. Als internationale Handels- und Verhandlungssprache hat die spanische Sprache eine zentrale Funktion, auch wenn es als Wissenschaftssprache eine geringe Bedeutung hat und im Internet nur eine nachgeordnete Rolle (vgl. FD SPA, 13f) spielt.

Spanische Sprachkenntnisse sind wichtig. Das Fach erfreut sich bei Schülern großer Beliebtheit, zu der aktuelle Musikproduktionen sicher einen entscheidenden Beitrag leisten.

Von den hier vorgestellten großen romanischen Sprachen bietet das Spanische den wohl leichtesten Einstieg für Lerner, besonders dann, wenn Latein oder Französisch vorgelernt sein sollten. Ein logisches Transkriptionssystem (vgl. Barrera-Vidal HB FSU, 572) und leicht nachvollziehbare Betonungsregeln erleichtern Aussprache und Orthographie, sieht man einmal von der Aussprache der Konsonanten ‹b› und ‹v› und folgender Problematik ab: Im Anfangsunterricht wird häufig *hay* mit deutlich hörbarem ‹h› ausgesprochen. Der Merksatz „In Spanien gibt es keine Haie" mit passender Visualisierung kann Abhilfe schaffen:

¡EN ESPAÑA NO HAY TIBURONES!

16

Wie alle anderen romanischen Sprachen (vgl. Kapitel 2.1 und 2.2) weist das Spanische komplexe Strukturen auf, so zum Beispiel die Unterscheidung von *ser* und *estar*, auch in Verbindung mit *hay*, die gerade bei Beschreibungen im Anfangsunterricht die Lernenden vor Schwierigkeiten stellt, die Verbalperiphrasen, die wichtige semantische Funktionen übernehmen, die schon für das Französische und Italienische entsprechend genannten Phänomene „Aspekt der Vergangenheit", in diesem Zusammenhang die Vitalität des *indefinido*[17] mit seinen schwierigen Formen und der *subjuntivo*.

Auch für das Spanische bieten die folgenden Kapitel zahlreiche Anregungen für den Anfangsunterricht, die mögliche Lernschwierigkeiten aus dem Weg räumen.

Aufgaben

1. Lesen Sie Alberto Barrera-Vidals Artikel *Spanisch* im HB FSU. Reflektieren Sie die Herausforderungen, die sich aus der Rolle weiterer wichtiger europäischer Sprachen als Pflichtfremdsprachen für den Spanischunterricht an den allgemeinbildenden Schulen ergeben können.

---

[16] Graphik S. Thiele

[17] In den Fächern Französisch und Italienisch werden die vergleichbar komplexen Vergangenheitstempora *passé simple* bzw. *passato remoto* im schulischen Fremdsprachenunterricht nur passiv, gelegentlich ausgewählte Formen aktiv vermittelt, da ihre Verwendung speziellen Registern bzw. diatopischen Besonderheiten unterliegt.

2. Informieren Sie sich über den Grundwortschatz, der nach etwa vier Lernjahren erworben worden sein soll. Konsultieren Sie dazu die entsprechenden Vokabellisten der Lehrwerke oder der Publikationen, die als Nachschlagewerke den „Grundwortschatz" im Titel ankündigen.
3. Als Vorbereitung auf das Kapitel 3.5 informieren Sie sich in einer Lerngrammatik Spanisch Ihrer Wahl über spanische Verbalperiphrasen.

2.4 Ausgewählte Hilfsmittel

In diesem Kapitel sollen ausgewählte Hilfsmittel zusammengestellt werden, deren Konsultation (vgl. Literaturverzeichnis) sich für diese Einführung anbietet, da sie die Planung und Durchführung von Unterricht unterstützen, gleichzeitig aber auch in Forschungsschwerpunkte der Fremdsprachendidaktik einführen.

Die Auswahl basiert auf verschiedenen Kriterien: Die Hilfsmittel wurden bei den Befragungen an vorderer Stelle genannt und für den universitären Ausbildungskontext und für das Referendariat als besonders effektiv eingeordnet. Die Übersichtlichkeit, Prägnanz, z.T. ein didaktisch motiviertes Layout und die Aktualität spielen ebenfalls eine Rolle.

Die hier empfohlenen Hilfsmittel sollten parallel zu dieser Einführung gelesen, zentrale Informationen, Übersichtstabellen etc. im Rahmen einer soliden Vorbereitung auf Praxisphasen und im Referendariat exzerpiert werden.

Für das Fach Französisch soll an erster Stelle die von Andreas Nieweler 2006 zum ersten Mal herausgegebene *Fachdidaktik Französisch – Tradition/Innovation/Praxis* genannt werden (FD FRZ). Dieses Handbuch bietet auf 352 Seiten und einer umfassenden Sammlung verschiedener Materialien auf CD-ROM einen vollständigen Überblick über die Grundlagen und Bezüge der Fachdidaktik Französisch, Leitlinien und Prinzipien des Französischunterrichts mit dem zentralen Aspekt „Methodenfragen" und „Kompetenzerwerb" im Kontext von Handlungs-, Lerner-, Prozessorientierung. Weiterhin werden ganzheitliche, fachübergreifende Lernformen, die unterrichtlichen Handlungsfelder und die Leistungsmessung bzw. der Umgang mit Fehlern thematisiert.

Eine schnelle Orientierung ermöglicht ein didaktisch überaus sinnvolles Layout, so z.B. die Zusammenfassungen des Fließtexts am Absatz-Seitenrand durch Schlagwörter, Hervorhebungen durch Fettdruck, blau unterlegte Merkkästen etc.

In vergleichbarer Weise präsentiert sich das Handbuch *Fachdidaktik Spanisch – Tradition/Innovation/Praxis*, erstmalig herausgegeben 2009 von Andreas Grünewald und Lutz Küster mit 366 Seiten und CD-Rom (FD SPA). Auch hier werden zentrale Themen der Fachdidaktik Spanisch vorgestellt: Informationen zum Lerngegenstand Spanisch, Grundlagen und Bezüge der Fachdidaktik Spanisch, didaktisch-methodische Prinzipien des Spanischunterrichts, Handlungsfelder im Fremdsprachenunterricht und die Leistungsmessung bzw. der Umgang mit Fehlern.

Eine vergleichbare *Fachdidaktik Italienisch – Tradition/Innovation/Praxis* gibt es nicht. Daniel Reimann hat in seinem Beiheft zur ZRomSD *Italienischunterricht im 21. Jahrhundert – Aspekte der Fachdidaktik Italienisch* (2009) wichtige Beiträge gesammelt, die ein aktuelles Panorama didaktisch-methodischer Fragestellungen für das Fach Italienisch liefern: Es geht u.a. um die Geschichte des Italienischunterrichts und die Sprachenpolitik, Sprachlehrforschung und Fachdidaktik Italienisch, Mehrsprachigkeitsdidaktik und um inter- bzw. multimedialen Literaturunterricht. Zahlreiche weiterführende Literaturhinweise sind in den Handreichungen im letzten Kapitel zusammengestellt.

Die Befragten verwiesen häufig auf die folgende Fachliteratur: Eynar Leupolds *Französisch unterrichten – Grundlagen/Methoden/Anregungen*, Christiane Fäckes *bachelor-wissen - Fachdidaktik Französisch. Eine Einführung* und *bachelor-wissen - Fachdidaktik Spanisch. Eine Einführung*, Helene Decke-Cornills und Lutz Küsters *bachelor-wissen – Fremdsprachendidaktik. Eine Einführung*, Christian Purens, Paola Bertocchinis und Edwige Costanzos *Se former en didactiques des langues* sowie Encina Alonsos *¿Cómo ser profesor/a y querer seguir siéndolo?* können empfohlen werden.

Als über die romanischen Sprachen hinausgehende Handbücher sind das von Karl-Richard Bausch, Herbert Christ und Hans-Jürgen Krumm herausgegebene *Handbuch Fremdsprachenunterricht* (HB FSU) sowie das *Handbuch Fremdsprachendidaktik* (HB FD) aufzuführen, herausgegeben von Wolfgang Hallet und Frank G. Königs.

Verschiedene Fachzeitschriften können konsultiert werden und die Beschäftigung mit fachdidaktischen Fragestellungen bereichern: Die *Zeitschrift für romanische Sprachen und ihre Didaktik* (ZRomSD) bietet neben linguistischen Beiträgen interessante Artikel zu aktuellen fachdidaktischen Themen zu den romanischen Sprachen. Die mittlerweile breite Palette an angegliederten Beiheften – *Romanische Sprachen und ihre Didaktik* (RomSD) – weist Monographien und Sammelbände auf, die aktuelle Forschungsgebiete aufgreifen. Seit 2011 ergänzt die Tagungs- und Schriftenreihe *Französischdidaktik im Dialog* (FDD) die ZRomSD und die RomSD thematisch.

Der fremdsprachliche Unterricht Französisch bzw. *Spanisch* (FSU Frz bzw. FSU Spa) sind als Zeitschriftenreihen mit vielen Unterrichtsbeispielen und Vorschlägen für die Unterrichtspraxis von großem Wert. Dem Basisartikel zu jedem Themenheft in FSU Frz folgt eine Auswahlbibliographie, die alle wichtigen Literaturangaben zum Thema bereithält. Für das spanische Pendant fehlt diese effektive Informationsmöglichkeit über den Forschungsstand zu einem Thema. Als Zusatzpaket werden für beide Sprachen Folien und CDs, vor allem mit Hörtexten und Videos, angeboten.

Für Italienisch gibt es die gleichnamige Zeitschrift des DIV, die neben literatur-, kultur- und sprachwissenschaftlichen auch fachdidaktische Beiträge enthält. Dabei steht kein Themenkomplex im Vordergrund, die Artikel sind als Einzelbeiträge jeweils nachzulesen. Als Auswahl weiterer wichtiger Zeitschriften sollen *französisch heute, Le français dans le monde, Fremdsprachen Lehren und Lernen, Fremdsprachenunterricht, Hispanorama, Die Neueren Sprachen, Neusprachliche Mitteilungen aus Wissenschaft und Praxis*, *Praxis Fremdsprachenunterricht*, *Praxis des neusprachlichen Unterrichts* sowie die *Zeitschrift für Fremdsprachenforschung* genannt sein.

Um sich über verbindliche fachliche Kompetenzen, Lehr- oder Lernziele zu informieren, ist es sinnvoll, Curricula, Lehrpläne oder Richtlinien[18] der verschiedenen Bundesländer zu lesen. Die Dokumente sind in der Regel im Internet mittels Stichworteingabe in den üblichen Suchmaschinen problemlos einzusehen. Gleiches gilt für die Kernlehrpläne und Bildungsstandards, die sich am „Gemeinsamen Europäischen Referenzrahmen für Sprachen" orientieren, Kompetenzen beschreiben und Fertigkeiten festlegen, die auf bestimmten Etappen des Bildungsgangs erreicht werden sollen (vgl. FD FRZ, 83).

Grundsätzlich ist es auch sinnvoll, sich im Internet über das Sektionsprogramm zu aktuellen Tagungen und Veranstaltungen bzw. Fortbildungen der Deutschen Gesellschaft für Fremdsprachenforschung (DGFF), der romanistischen Fachverbände DRV (Deutscher Romanisten Verband), FRV (Frankoromanisten Verband), DIV (Deutscher Italianisten Verband) und DHV (Deutscher Hispanisten Verband) sowie der Lehrerverbände [Vereinigung der Französischlehrer (VdF), *Associazione di docenti d'italiano in Germania* (ADI), Deutscher Spanischlehrerverband (DSV)] anzuschauen und diese auch zu besuchen.

Eine ganz schnelle Orientierung hinsichtlich der Fachtermini und Schlüsselbegriffe zum Fremdsprachenunterricht bietet Eynar Leupolds *Miniglossar Fremdsprachenunterricht*. Auch Lehrwerke, mit denen sich das Kapitel 3.1 beschäftigt, bieten ebenfalls sinnvolle Hilfen für die Planung und Durchführung von Unterricht an. Hier sind im Besonderen die Lehrerhandreichungen und vielfältigen Zusatzmaterialien zur Schulung und Überprüfung der Kompetenzen zu sichten.

Aufgaben

1. Wählen Sie einen Artikel aus einer Fachzeitschrift, einen weiteren aus einem Handbuch aus, die Sie besonders interessieren, und bereiten Sie eine Präsentation der Inhalte vor.
2. Lesen Sie im HB FSU das Kapitel „Geschichte des Fremdsprachenunterrichts" auf den Seiten 609-626.
3. Lesen Sie das Kapitel 3.12 *Plaung und Organisation von Unterricht – on n'est pas là pour rigoler'* in FD FRZ 246ff als Vorbereitung für die Kapitel zu exemplarischen Unterrichtssituationen dieser Einführung, unabhängig davon, welche romanische Sprache Sie studieren.
4. Lesen Sie die Beiträge von Jürgen Quetz zum GER, von Eynar Leupold zu Bildungdstandards und von Wolfgang Hallet und Frank G. Königs zu Lehrplänen und Curricula im HB FD. Sehen Sie sich anschließend im Internet die Bildungsstandards für Ihre romanische Zielsprache an.

---

[18] Zur Abgrenzung dieser Termini vgl. Bausch HB FSU, 111ff.

5. Lesen Sie zur Vorbereitung der Kapitel 3 und 3.1 dieser Einführung die Einheit 13 *Lehrwerke und Unterrichtsmaterialien* in Christiane Fäckes *Fachdidaktik Französisch*, Kapitel 6.4.1 *Das Lehrbuch*, aus Helene Decke-Cornills und Lutz Küsters *Fremdsprachendidaktik* sowie Kapitel 4.1.1 *Arbeit mit dem Lehrwerk* in Andreas Grünewalds und Lutz Küsters *Fachdidaktik Spanisch*.

6. Erinnern Sie sich ebenfalls zur Vorbereitung des nächsten Kapitels an Ihren Fremdsprachenunterricht. Notieren Sie kurz die einzelnen Unterrichtsschritte, die zu Beginn einer neuen Lektion durchgeführt wurden. Sollten Sie bereits ein Praxisphase im Studium absolviert und eine Lektionseinführung übernommen haben, sehen Sie sich noch einmal in Ihren Unterlagen an, wie Sie vorgegangen sind.

3. Unterrichtseinstieg und Lektionseinführung

Nach Begrüßungsritualen zum Unterrichtsbeginn folgt der Einstieg[19]. Dieser gehört bereits zum Inhalt und Ablauf einer spezifischen Stunde und verdient als erste Phase besondere Aufmerksamkeit bei Planung und Durchführung. Die Vorbereitung der Schüler auf den Unterricht kann mit diesen Schritten erfolgen (vgl. FD FRZ, 250).

Es sollten Information zur Struktur Unterrichtseinheit und zum Ablauf der Stunde gegeben werden. Material wird vorgestellt, ggf. werden methodische Vorgehensweisen transparent gemacht. Es bedarf häufig einer Erklärung, warum z.B. das Lautbild vor dem Schriftbild nur mündlich eingeführt wird (vgl. Kapitel 3.2). Auf Vorwissen, auf Weltwissen kann zurückgegriffen werden, Bekanntes kann aber auch verfremdet präsentiert oder infrage gestellt werden (vgl. FD FRZ, 250). Beim Einstieg kann auf traditionelles Text- oder Bildmaterial verzichtet werden, um die Schüler alternativ mit einer Musikproduktion, mit Speisen und Gerüchen oder haptischen Erfahrungen für den Unterrichtsinhalt zu sensibilisieren.

Da über viele Lernjahre Lektionstexte des Lehrwerks eingeführt werden müssen, sollte dies möglichst abwechslungsreich geschehen. Das Spracherwerbsniveau bzw. der Lernfortschritt müssen bei der Entscheidung für eine bestimmte methodische Vorgehensweise beachtet werden. Die beiden folgenden Kapitel unterbreiten hierzu Vorschläge.

Aufgaben

1. Lesen Sie die Datei Nr. 67 der CD-Rom zur *Fachdidaktik Französisch* (FD FRZ).
2. Exzerpieren Sie zentrale Ideen aus Ludger Schiffler (1995).

3.1 Lehrwerke

Der Einsatz von Lehrwerken im Unterricht wird unterschiedlich beurteilt, es gibt Befürworter, aber auch Kritiker dieses Mediums.

Lehrwerke sind eine sinnvolle Richtschnur für Lehrende und Lernende, sie erleichtern die Vorbereitung des Unterrichts und ermöglichen ein strukturiertes Zeitmanagement, da sie aufeinander abgestimmte, einer Progression folgende Materialien – Texte[20] und Trainingsgegenstände – bereithalten. Lehrwerke orientieren sich an aktuellen fach-

---

[19] Die hier vorgestellten methodischen Vorgehensweisen für alle Schularten bzw- -typen relevant.

[20] Vgl. zum erweiterten Textbegriff auch Kapitel 5.

didaktischen Erkenntnissen, sie unterliegen einem Genehmigungsverfahren der einzelnen Bundesländer. Die Orientierung an curricularen Vorgaben und Standards garantieren eine Vergleichbarkeit von erworbenen Kompetenzen und Abschlüssen (vgl. FD FRZ, 132f sowie FD SPA, 150).

> Wenn das Lehrwerk [jedoch] zum „heimlichen Lehrplan", zum seitenumblätternden einzigen Medium wird, können Lebendigkeit und Spontaneität des Unterrichts verlorengehen (FD FRZ, 132).

Die Lehrwerkarbeit sollte also mit zusätzlichen Materialien ergänzt werden. Didaktisch aufbereitete Lehrbuchtexte, von Gegnern der Lehrwerkarbeit häufig kritisiert, können durch authentische Materialien[21], die in diesem Fall von franko-, italo- bzw. hispanophonen Autoren für muttersprachliche Sprecher eben dieser Zielsprachen konzipiert worden sind, ergänzt werden. Dabei können gerade Medien eine Rolle spielen, die die kommunikative Kompetenz im Bereich des mündlichen Sprachgebrauchs fokussieren, ein Kriterium, dessen Fehlen häufig als Gegenargument im Lehrwerkskontext genannt wird. Die Grammatikprogression im Lehrwerk weicht vom Sprachgebrauch in den Zielsprachenländern ab, häufig fehlen spezifische Muster für die alltägliche Kommunikation. Auch hier kann eine individuelle Anpassung des Unterrichts durch ergänzende Materialien Abhilfe schaffen.

Will man ein Lehrwerk im Hinblick auf seinen Einsatz im Unterricht prüfen, sollte zunächst die Zielgruppe analysiert werden, um entscheiden zu können, ob das Lehrwerk in vielen Facetten zur Lebensrealität der Lerner passt. Außerdem bieten sich die folgenden Kriterien an (vgl. FD SPA, 148): Man wird zunächst alle dazugehörigen Medien und ihren Aufbau, ihre Struktur anschauen. Dabei spielt auch das Layout und die damit verbundene Übersichtlichkeit eine wichtige Rolle. In einem weiteren Schritt wird es darum gehen zu überprüfen, ob die einzelnen kommunikativen Fertigkeiten, Hör-, Hör-Seh- und Leseverstehen, mündliche und schriftliche Ausdrucksfähigkeit sowie die Sprachmittlung, ausgewogen vertreten sind. Bietet das Lehrwerk darüber hinaus die Möglichkeit, die interkulturellen Kompetenzen der Schüler aufzubauen und zu fördern? Welche Trainingsgegenstände gibt es? Können sie abwechslungsreich eingesetzt werden? Werden Arbeitstechniken vorgestellt, Lernstrategien bewusst gemacht?

Traditionell bilden die Lektionen des Lehrwerks den Unterrichtsschwerpunkt in den ersten Lernjahren. In Folgekapiteln soll deshalb die Lektionseinführung im Mittelpunkt stehen.

---

[21] Zum Authentizitätsbegriff vgl. Frings, M./Leitzke-Ungerer, E. (ed.) (2010).

Aufgaben

1. Sehen Sie sich zwei verschiedene aktuelle Lehrwerke Ihrer Zielsprache an und notieren Sie erste Eindrücke zu den Materialien. Halten Sie fest, welche verschiedenen Teile zum Lehrwerk gehören und ob der Verlag spezifische Zusatzmaterialien für Lehrkräfte bzw. für Schüler bereit hält.

2. Lesen Sie folgende Beiträge bzw. Handbuchpassagen zur Lehrwerkanalyse: Die Übersichtstabelle in FD SPA: 148f, Neuner (2003) und Nieweler (2000).

3. Erstellen Sie einen Kriterienkatalog, mit dem Sie die beiden gesichteten Lehrwerke analysieren. Legen Sie fest, welches der beiden Sie einer Fachgruppe für den Einsatz im Unterricht empfehlen möchten. Begründen Sie Ihre Auswahl und bereiten Sie eine Präsentation Ihrer Ergebnisse vor. Informieren Sie sich dazu auch über den Stockholmer Kriterienkatalog mithilfe dieses Beitrags: Krumm, H.-J. (1994) *Stockholmer Kriterienkatalog*. In: Kast, B./Neuner, G. (ed.). Zur Analyse, Begutachtung und Entwicklung von Lehrwerken für den fremdsprachlichen Deutschunterricht. Berlin [u.a.]: Langenscheidt 100-104.

4. Sehen Sie sich in Kapitel 7 das Unterrichtsmaterial zu *I tiers* an. Über den Button „Zusatzmaterialien" zu diesem Arbeitsheft auf der Verlagshomepage können Sie eine Audiodatei öffnen. Klicken Sie die Tierzeichnungen an: Sie hören die ladinische Bezeichnung. Versuchen Sie anschließend, die gadertalischen[22] Vokabeln jeweils mehrfach nachzusprechen. In einem zweiten Schritt benennen Sie die einzelnen Tiere aus der Erinnerung, durchaus in anderer Reihenfolge. Dazu können Sie *I tiers (1)* im Materialanhang dieser Einführung verwenden. Hören Sie bei Bedarf die Datei erneut an. Wenn es Ihnen gelingt, nahezu alle Tiernamen auswendig zu nennen, können Sie zu *I tiers (2)* übergehen: Lesen Sie die Bezeichnungn laut und schreiben Sie Ihre neu gelernten dolomitenladinischen Vokabeln einmal ab. Nennen Sie die Tiernamen anschließend noch einmal, ohne Betrachtung Ihrer Aufzeichnungen. Bearbeiten Sie anschließend *I tiers (3)*. Notieren Sie zum Schluss Ihre Eindrücke. Sie sind vergleichbar mit denen der Schüler, die beginnen, eine romanische Fremdsprache neu zu erlernen.

3.2 Vorentlastung in der frühen Spracherwerbsphase

Traditionell werden vor der Bearbeitung einer Lektion im Lehrwerk der Wortschatz und die neuen grammatischen Phänomene eingeführt.

Auf einem sehr niedrigen Spracherwerbsniveau, im ersten Lernjahr, ist es sinnvoll, neue Vokabeln mithilfe von Bildern einsprachig zu semantisieren. Dabei werden die Wörter unter Hinweis auf die Abbildung nur vorgesprochen und von der Lerngruppe wiederholt, das Schriftbild wird erst in einer späteren Phase präsentiert. Je stärker das Schriftbild vom Lautbild abweicht, desto schwieriger wird es sein, beide Aspekte gleichzeitig wahrzunehmen, korrekt zu reproduzieren und zu memorieren.

---

[22] Beim Gadertalischen handelt es sich um eine Varietät des Dolomitenladinischen, das zum Rätoromanischen gehört.

Wenn die Schüler die neuen Wörter – nach Möglichkeit nach dem Zufallsprinzip auf einen Zeigeimpuls hin – korrekt aussprechen können, wird das Schriftbild vorgestellt. Sollten die Abbildungen auf Folie vorliegen, können die Wörter durch Overlaytechnik ergänzt werden bzw. bei Einsatz von Beamer und Powerpoint durch die entsprechenden Tastenfunktionen. Die neuen Vokabeln müssen anschließend im Heft gesichert werden.

Um erneut zu üben, können zum Abschluss der Vokabeleinführung die neuen Wörter mehrfach vorgelesen und anschließend die Bilder wiederum ohne Text gezeigt und aus der Erinnerung von den Lernenden bezeichnet werden. Die Einführung von 15 bis 20 neuen Vokabeln kann in den ersten Wochen, in denen eine neue Fremdsprache gelernt wird, durchaus eine gesamte Unterrichtsstunde füllen. Sollten erste syntaktische Strukturen oder konjugierte Verbformen mit eingeführt werden müssen, wird man die Anzahl der präsentierten Einzelwörter entsprechend modifizieren.

Der neu zu erlernende Wortschatz einer Lektion sollte in der Zielsprache[23] semantisiert werden, um in dieser Phase auf die Muttersprache verzichten zu können. Bei der Grammatikeinführung ist diese hingegen Unterrichtssprache. Wenn sich Schüler mit einem Grammatikphänomen beschäftigen, dass sie entdecken, gegebenenfalls mit einem muttersprachlichen Phänomen korrelieren, aber noch nicht auf Französisch, Spanisch oder Italienisch beschreiben können, sind sie selbstverständlich auch nicht in der Lage, die korrekte fachsprachliche, hier linguistische Terminologie in der Zielsprache zu verwenden.

Grammatische Phänomene werden in der Regel induktiv erarbeitet: Die Schüler entdecken selbst grundlegende Zusammenhänge und Regeln. Dazu wird ihnen sprachliches Material vorgelegt, dessen Wortschatz bekannt ist. Sie isolieren auf diese Weise leicht das grammatisch neue Phänomen, können es beschreiben und anschließend mithilfe des Kontexts korrekt benennen. Eigenständig erarbeitete Zusammenhänge bleiben besser im Gedächtnis haften als mündliche Vorträge oder einmal gelesene Passagen zu irgendeinem Thema. Erfahrung mit der Muttersprache und vorgelernten Sprachen, z.B. Englisch und/oder Latein hilft den Schülern außerdem, sprachliche Universalien, also charakteristische Merkmale der Sprachen dieser Welt an sich, im Romanischen wieder zu erkennen.

Die induktive Grammatikarbeit wirkt motivierend. Schüler sind fähig, sobald sie grammatische Zusammenhänge erkannt haben, die Regel nahezu so zu formulieren, wie sie auch in einer Lerngrammatik zu finden ist. Dieses Erfolgserlebnis wirkt sich positiv auf das Selbstwertgefühl der Schüler aus.

---

[23] Die Grundregel „Klarheit vor Einsprachigkeit" (vgl. Butzkamm 1978) gilt auch in der Einführungsphase. Sollte eine neue Vokabel nicht eindeutig mittels Abbildung oder Erklärung semantisiert werden können, kann aus zeitökonomischen Erwägungen auf die Muttersprache zurückgegriffen werden. In der frühen Spracherwerbsphase tritt dieses Problem allerdings kaum auf.

Häufig leisten in einer Unterrichtsphase zum entdeckenden Lernen Schüler wichtige Beiträge, die sich bei zielsprachlichen Äußerungen eher zurückhaltend beteiligen, weil sie die Aussprache noch nicht so gut beherrschen und deshalb Hemmungen haben, in Phasen, in denen die Sprachproduktion im Mittelpunkt steht, den Unterricht mit zu tragen. Die Regelfindung spricht oft die Schüler an, die mathematisch-naturwissenschaftliche Fächer bevorzugen. Sie erkennen hier vergleichbare Zugangsmöglichkeiten zu einer Aufgabe und stellen ihr Kombinationsvermögen für die Lerngruppe zur Verfügung.

Aufgaben

1. Schauen Sie sich in einem Lehrwerk Ihrer Wahl eine Lektion zum Thema „Einkauf" für die frühe Spracherwerbsphase an. Überlegen Sie sich eine Strategie zur Lektionseinführung.
2. Sichten Sie FSU Frz Heft 83 (2006) *Wortschatzarbeit individuell* und Heft 90 (2007) *Lernstrategie: Wörternetze.*

3.3 Wortschatzeinführung für fortgeschrittene Lerner

Für Lerngruppen, die bereits in der Lage sind, wenig umfangreiche Texte zu verstehen und selbst zu produzieren, bietet es sich an, die neuen Vokabeln eingebunden in einen Lehrervortrag oder ein gelenktes Unterrichtsgespräch mittels leicht verständlicher Erklärungen vorzustellen. Die Lernenden sprechen vor der Lektüre des Texts bereits in kohärenten Sätzen über den Inhalt. Parallel wird der Wortschatz z.B. an der Tafel gesichert, auch auf diesem Spracherwerbsniveau noch nach der mündlichen Präsentation.

Anschließend kann man den Lektionstext als Hörtext einsetzen. Die Schüler werden in der Lage sein, nach dem Hörverstehen Fragen zum Inhalt zu beantworten. Zur Festigung kann der Text mehrfach gelesen werden, eine schriftliche Hausaufgabe, neben der Vokabelsicherung z.B. die Wiedergabe des Lektionstexts in eigenen Worten, bietet sich an, um die vier Grundfertigkeiten, die Sprech- und Schreibfertigkeit sowie das Hör- und Leseverständnis, ausgewogen zu schulen.

Es gibt weitere Variationsmöglichkeiten[24]: Schüler könnten nach Internationalismen und Schlüsselwörtern suchen und den Text auf diese Weise größtenteils selbst erschließen. Zusätzlich können von Lehrerseite einzelne bedeutungstragende Begriffe semantisiert werden.

Wenn die genannten Strategien transparent gestaltet und den Schülern bewusst gemacht werden, könnte die Lektionseinführungsphase durch eine Schülergruppe übernommen werden. Der neue Wortschatz und die aktuell erarbeiteten grammatischen

---

[24] Vgl. auch für weitere methodische Ideen FD FRZ 251f.

Strukturen müssen intensiv geübt bzw. vertieft werden. Im folgenden Kapitel wird deshalb eine Übungstypologie mit Beispielen vorgestellt.

Aufgaben

1. Vergleichen Sie Ihre Notizen aus der Aufgabe zum Dolomitenladinischen (vgl. Kapitel 3.1, Aufgabe 4) mit den Informationen zur Lektionseinführung aus diesem Kapitel. Reflektieren Sie Unterschiede.
2. Arbeiten Sie folgende Materialien durch: den Unterrichtsentwurf zu spanischen Verbalperiphrasen (Kapitel 3.5), Lektion 11 zum *passato prossimo* in *Eurolingua Italiano 1A* sowie einen Vorschlag zur Lektionseinführung Ihrer Wahl im Lehrerhandbuch zu *Découvertes*.

3.4 Übungstypologie

Übungen oder Trainingsgegenstände übernehmen wichtige Funktionen im Fremdsprachenunterricht. Sie dienen dazu, sich mit gelernten Inhalten, also gelerntem Wissen, aber auch Können erneut zu beschäftigen. Dabei kann es um die Festigung gerade entdeckter Unterrichtsinhalte oder um die Wiederholung zurückliegender, bereits trainierter Aspekte der Zielsprache gehen. Wie für den Bereich Sport gilt Folgendes auch für das Fremdsprachenlernen: Intensives Training dient sowohl dem Erwerb neuer als auch der Verbesserung bereits beherrschter Kompetenzen.

Eine breite Variation an Übungen und Material muss angeboten werden. Die Übungen sollten in der Regel kohärente Texte oder wenigstens in eine Situation bzw. einen thematischen Schwerpunkt eingebunden sein. Einzelsätze ohne Zusammenhang, mit denen etwas geübt werden soll, sind wenig motivierend, weil sie keine mögliche Kommunikationssituation simulieren. In wenigen, eher seltenen Fällen, zum Beispiel beim Einschleifen neuer grammatischer Formen, kann auf Einzelwörter rekurriert werden.

Folgende Übungstypen stehen zur Auswahl (vgl. HB FSU 279ff): Die phonetische Kompetenz kann mit Hörübungen, z.B. der Diskriminierung bzw. Identifikation von Lauten trainiert werden oder mit Sprechübungen, etwa durch Nachsprechen bzw. selbständige mündliche Textproduktion (vorlesen oder vortragen). Die lexikalische Kompetenz bzw. der Wortschatz wird aufgebaut, erweitert und gefestigt, indem neue Wörter oder Syntagmata durch Bildimpulse oder durch die Einbettung in bekannte zielsprachliche Kontexte zunächst semantisiert und dann in neuen Zusammenhängen angewendet werden. Dies kann schriftlich oder mündlich passieren, d.h. die Schreib- oder die Sprechfertigkeit werden trainiert. Dies ist z.B. mit Lückentexten (Komplementationsübungen) oder auch mit Aufgaben zu Sprachmittlung, die mit einer Dolmetschertätigkeit vergleichbar sind, möglich. Die Kompetenz Sprachmittlung wird mit Aufgaben trainiert, bei denen ein Lerner eine Vermittlungs- oder Dolmetscherfunktion übernimmt. Dabei sind sowohl die Übertragungsrichtung von der Muttersprache in die Zielsprache als auch ein umgekehrtes Vorgehen denkbar. Dabei geht es nicht um wörtliche Übersetzung, sondern um die durchaus auch paraphrasierende Wiedergabe wesentlicher Elemente des Inhalts eines Ausgangstexts in der Ziel- bzw. eben auch Muttersprache. Spielerische Lernformen wie „Buchstabensuppen", Kreuzworträtsel oder das Entdecken der neuen Vokabeln trotz durcheinander gewürfelter Buchstaben bieten sich ebenfalls an.

Lückentexte sind auch geeignet, um grammatische Strukturen einzufordern. Transformationsübungen (Typ: Formuliere die Aussagen der direkten in indirekter Rede), Substitutionsübungen (Pronomina ersetzen Substantive) oder Kombinationsübungen (einzelne Satzteile in synoptischer Auflistung müssen zu sinnvollen Sätzen zusammengestellt werden) sind hier außerdem charakteristisch. Die Trainingsgegenstände können auch als Tandem-Bogen – ein in der Mitte senkrecht zu faltendes Aufgabenblatt mit Aufgabenteilen auf Seite A und B – präsentiert werden. Schüler A muss eine Aufgabe lösen und Schüler B kann die Lösung auf der anderen Seite einsehen, ggf. korrigieren. Er löst dann seine Aufgabe und Schüler A hat auf seiner Seite des Bogens nun die richtige Lösung usw.

Es ist sinnvoll, die Trainingsgegenstände zum Hörverstehen in drei Kategorien zusammenzufassen, nämlich in solche vor, bei bzw. nach dem Hören.

Vor der Präsentation des Hörbeispiels ist es möglich, die Schüler hinsichtlich ihres Vorwissens zu befragen: Spielen sie ein Instrument? Welche Musikrichtung, welche Sänger oder Gruppen gefallen ihnen besonders gut? Haben sie bereits ein Konzert besucht? Auf diese Weise können bereits wesentliche Vokabeln zum Thema Musik gesammelt werden.

Um einen direkten Bezug zum Hörtext herzustellen und das Hörverstehen zu lenken bzw. vorzuentlasten, könnten zum Titel oder zu Schlüsselwörtern Hypothesen hinsichtlich des Inhalts seitens der Lerngruppe aufgestellt und mittels Cluster, Mindmap bzw. Wörternetz an der Tafel fixiert werden. Bilder, die entweder auf den Inhalt verweisen oder aber in deutlichem Gegensatz dazu stehen, können zunächst beschrieben und in einer späteren Phase mit dem Text verglichen werden. Es ist in fortgeschrittenen Lerngruppen auch möglich, den Text ohne Vorentlastung vorzulegen. Während des Hörens bieten sich Lückentexte oder Multiple Choice Aufgaben an. Nach dem Hören können den Text ausgewählte, wie bei der Textarbeit tabellarisch zusammengestellte Aufgaben herangetragen werden (vgl. Kapitel 5.1).

Zur Schulung im Bereich Leseverstehen gibt es folgenden interessanten Zugriff: Schüler neigen dazu, ähnlich wie beim Hören, jedes einzelne Wort erfassen zu wollen. Man wählt einen Text, dessen roter Faden sich mithilfe bekannter Wörter und Strukturen im Wesentlichen ermitteln lässt. Bittet man sie, in diesem unbekannten Text während des ersten Lesens alles zu schwärzen, was sie nicht kennen, den Text zwei Tage beiseite zu legen, dann erneut zu lesen und die wesentlichen Aussagen herauszufiltern, sind sie oft überrascht, wie viel sie bereits erfassen können.

Gerade komplexere Übungen für fortgeschrittene Lerner fordern in der Regel Kombinationen von Kompetenzen. Bei einer Auswahlübung z.B., bei der richtige oder falsche Aussagen zum Inhalt nach dem Hören eines Texts angekreuzt werden müssen, wird neben dem Hörverstehen auch ein Leseverstehen gefordert.

Textproduktionsaufgaben in schriftlicher und mündlicher Form sind ebenfalls komplex, da sie lexikalische und grammatische, ggf. stilistische und textlinguistische Kompetenzen erfordern. Sie können stark gelenkt, aber auch kreativ angelegt sein.

Beim Hör-Sehverstehen mithilfe des Mediums Film können Aufgaben eingesetzt werden, die mit denen zur Textarbeit vergleichbar sind. Hinzu kommen spezifische technische Effekte, die man nutzen kann: Es ist möglich, über Screenshots (Standbilder) zu sprechen, einen ohne Ton vorgeführten Film zu versprachlichen, eine Zeitlupe zu nutzen oder den Film ohne Bild als Hörtext einzusetzen.

Abschließend sollen Lernspiele nicht unerwähnt bleiben. Viele spielerische Übungsformen werden zum Lernspiel, wenn sie zusätzlich einen Wettkampfcharakter ausweisen, wenn es Sieger und Verlierer gibt. Es gibt verschiedene Verlagsangebote, z.B. Memory- oder Dominospiele mit Aufgaben und Lösungen, die korrekt kombiniert werden müssen. Für große Lerngruppen ist es denkbar, mehrere identische Spielvorlagen auch selbst zu erstellen, so dass kommunikative Kompetenzen in Kleingruppen trainiert werden können.

Aufgaben

1. Suchen Sie in Lehrwerken Ihrer Wahl zu den verschiedenen Übungstypen Beispiele.
2. Recherchieren Sie, welche Gesellschaftsspiele aktuell von Schulbuchverlagen (z.B. von Ravensburger, Schmidt oder Giochi ELI) in Ihrer Zielsprache angeboten werden.
3 Konzipieren Sie selbst drei verschiedene Übungen. Entscheiden Sie sich inhaltlich für ein Thema, z.B. *les jeunes/i giovani /los jóvenes*.

3.5 Exemplarische Unterrichtssituationen: spanische Verbalperiphrasen

Andreas Nieweler führt in seiner Fachdidaktik als ersten Punkt unter der Rubrik FAQs folgende Frage auf: „Wie sieht ein guter Unterrichtsentwurf aus" (FD FRZ, 306)? Die exemplarischen Unterrichtssituationen dieser Einführung sollen Antworten auf diese Frage geben.

Als Abschluss einer Kurzreihe zu Bildbeschreibungen unter Verwendung des *gerundio* in Verbalperiphrasen bietet sich eine Stunde zur Einführung, Vertiefung und Anwendung ausgewählter Verbalperiphrasen des Spanischen, hier *seguir/continuar + gerundio*, an.

Eine Unterrichtsplanung sollte grundsätzlich in Bezug auf eine konkrete Lerngruppe erfolgen, auf die das didaktisch-methodische Vorgehen abgestimmt werden muss. Unabhängig davon konzipierte Unterrichtsvorschläge müssen also in der Praxis lerngruppenspezifisch modifiziert werden: Dies gilt auch für die hier vorgestellte Planung. Gleichwohl umfasst sie zentrale Aspekte und Forderungen des modernen Grammatikunterrichts, die für verschiedene Lerngruppen verbindlichen Charakter haben.

Die im Folgenden vorgestellte Stunde ist für eine siebte Klasse, 2. Lernjahr, konzipiert, deren Leistungsniveau überwiegend durchschnittlich ist. Das Interesse am Spanischunterricht, der in der sechsten Klasse aufgenommen wurde, ist angemessen, die Schüler haben Freude an dieser Fremdsprache. Die Hausaufgaben werden von den Schülern im Wesentlichen regelmäßig und gründlich erledigt.

Zentrale Inhalte dieser Kurzreihe sind im Unterrichtsgespräch erarbeitet, in ausgewählten Stunden sind sowohl Partner- als auch Gruppenarbeit sowie Einzel- bzw. Stillarbeit durchgeführt worden. Zu instrumentellen Fähigkeiten ist festzuhalten, dass die Lerngruppe in der Lage ist, sich grammatische Zusammenhänge nach dem Prinzip des entdeckenden Lernens zu erarbeiten. Die Schüler können meistens Mitschülerfehler korrigieren bzw. mit Vokabeln einhelfen. Im Rahmen des Prinzips der aufgeklärten Einsprachigkeit sind sie an längere, in der Fremdsprache geführte Unterrichtsphasen gewöhnt. Die technischen Medien Overheadprojektor und Film sind ihnen bekannt.

Die Bildung der *gerundio*-Formen sowie die Anwendungsmöglichkeiten der Verbalperiphrasen *estar* bzw. *seguir* oder *continuar + gerundio* werden den Schülern keine wesentlichen Schwierigkeiten bereiten. Kongruenzfehler (Angleichung der unveränderlichen *gerundio*-Form an das Subjekt) können gelegentlich durch die Verwechslung der spanischen Zustandsbeschreibung *estar* + Partizip (*estar sentado/a, estar acostado/a*) mit der Verbalperiphrase *estar + gerundio* auftreten. Bei einer Bildbeschreibung stellt sich grundsätzlich das Problem der Unterscheidung von *ser, estar* sowie *hay*.

In den zurückliegenden Stunden sind die regelmäßigen sowie einige unregelmäßige Formen (*ir: yendo,* Typ: *durmiendo,* Typ: *oyendo,* Typ: *sintiendo*) des *gerundio* eingeführt und angewendet worden, die Anwendung der Verbalperiphrase *estar + gerundio* bei Bildbeschreibungen ist Mittelpunkt verschiedener Stunden gewesen.

Das Thema der vorangegangenen Stunde war *Deportes en torno a un lago en verano* mit dem Ziel der Bildbeschreibung unter Anwendung der Verbalperiphrase *estar + gerundio*.

Zunächst soll an dieser Stelle die Wahl des Stundenthemas begründet werden: Das Gerundium gehört zu den in den ersten Lernjahren einzuführenden Strukturen. Das in verschiedenen curricularen Vorgaben für den Grammatikunterricht geforderte induktive

Verfahren, das aus einer Reihe von Beispielen eine Regel ableitet, ist mithilfe entsprechender Lektionen im Lehrwerk durchführbar, es ist auch möglich, eine lehrbuchunabhängige, strukturierte und vor allem systematische Kurzreihe zu diesem Thema zu gestalten, wenn man diese Strukturen früher als vorgesehen für die Kommunikation bereitstellen möchte.

Die Gruppe beschäftigt sich mit Bildbeschreibungen, auch die nächste Klassenarbeit soll eine solche Textproduktionsaufgabe sein. Den Schülern ist es nach dieser Kurzreihe möglich, im Bild „eingefrorene" Handlungen nicht nur mit dem Indikativ Präsens, sondern alternativ mit der Verbalperiphrase *estar + gerundio* zu versprachlichen. Im Hinblick auf zukünftige Oberstufenanforderungen werden auf diese Weise erste Grundbausteine für Variationsmöglichkeiten im Ausdruck gesammelt.

Das Thema der Kurzreihe trägt wesentlichen curricularen Forderungen Rechnung: Die sprachliche Kompetenz im rezeptiven und produktiven Bereich, also hinsichtlich des Hörens, Lesens, Sprechens, Schreibens und der Sprachmittlung, kann durch unterschiedliche Übungs- und Aufgabenformen geschult und verbessert werden. Der auf Kommunikationsfähigkeit ausgerichtete Unterricht verzichtet nicht auf eine sorgsame Stufung (Progression) in der grammatischen Schulung. Den Schülern werden Einsichten in das sprachliche Regelwerk vermittelt, ihnen wird eine Orientierung im System der Fremdsprache ermöglicht.

In dieser Kurzreihe steht als Textart die Beschreibung im Vordergrund, die sowohl verstanden als auch selbst erstellt werden muss. Dazu lernen die Schüler handlungsbeschreibende Verbalperiphrasen als Spezifika der Textsorte kennen und sollen sie im produktiven Bereich anwenden. Bei den ausgewählten zu beschreibenden Bildern handelt es sich um zusammengestellte Freizeitbeschäftigungen bzw. Sportaktivitäten im Sommer und Winter. Schüler treiben in ihrer Freizeit Sport, auch in der Schule schätzen sie dieses Fach im Allgemeinen sehr. Durch die Wortschatzarbeit innerhalb der Reihe ist es den Schülern in Zukunft möglich, persönliche Interessen und Neigungen auszudrücken bzw. sich über gemeinsame Unternehmungen zu unterhalten.

Folgende Aspekte sind im Rahmen der Sachanalyse zu nennen: Zur Bildung der regelmäßigen Formen des *gerundio* wird bei den Verben auf *-ar -ando*, bei den Verben auf *-er* und *-ir -iendo* an den Verbstamm gehängt (*jugar - jugando, escribir - escribiendo, vender - vendiendo*). Die Form des *gerundio* ist unveränderlich.

Bei Verben auf *-er* und *-ir*, deren Stamm auf Vokal endet, wird bei der Bildung des *gerundio* das ‹i› der Endung zu ‹y› (z.B.: *construir - construyendo, leer - leyendo, oír - oyendo, caer - cayendo*). Endet der Stamm der Verben auf ‹ñ› oder ‹ll›, entfällt das ‹i›: *gruñir - gruñendo, bullir - bullendo*. Das *gerundio* des Verbs *ir* lautet *yendo*.

Verschiedene Verben und ihre Komposita weisen beim *gerundio* die Vokalverschiebungen ‹e›→‹i› bzw. ‹o›→‹u› auf. An dieser Stelle sollen einige wichtige Verben zusammengestellt werden: *decir: diciendo, dormir: durmiendo, pedir: pidiendo, repetir: repitiendo, seguir: siguiendo, sentir: sintiendo, venir: viniendo*.

Bei reflexiven Verben wird das entsprechende Reflexivpronomen an das *gerundio* gehängt. Diese Form trägt Akzent, um die ursprüngliche Betonung des *gerundio* bei erhöhter Silbenzahl zu sichern: *bañarse - está bañándose*.

Das *gerundio* wird vor allem zur Verkürzung verschiedener Nebensätze und in Verbalperiphrasen verwendet: *estar + gerundio* beschreibt eine sich gerade vollziehende, *seguir/continuar + gerundio* eine sich fortsetzende Handlung: *Está comiendo un helado*: Er isst gerade ein Eis. *En este momento están esquiando*: Sie fahren zu diesem Zeitpunkt gerade Ski. *¿Hoy en día sigues haciendo windsurf?*: Surfst du heutzutage immer noch? *El chico continúa tocando el piano*: Der Junge spielt immer noch/weiterhin Klavier.

Continuar gehört zu einer Gruppe von Verben, die auf *-uar* enden und im Singular bzw. in der dritten Person Plural des Indikativ Präsens, also den stammbetonten Formen, ein betontes ‹ú› aufweisen: *continúo, continúas, continúa, continuamos, continuáis, continúan*. Bei *seguir* tritt bei den stammbetonten Formen die Stammvokalverschiebung ‹e›→‹i› auf: *sigo, sigues, sigue, seguimos, seguís, siguen*.

In der hier vorgeschlagenen Stunde stehen im Wortschatzbereich Freizeitbeschäftigungen vor allem im Winter im Vordergrund. *Patinar, esquiar, jugar al hockey sobre hielo, ir en trineo*, aber auch *lanzar en paracaídas, escalar una cascada de hielo, tirar bolas de nieve, nevar* werden bei der Bildbeschreibung eine zentrale Rolle spielen.

Aus der Sachanalyse geht hervor, dass es verschiedene Verbalperiphrasen mit *gerundio* gibt. Von diesen wurden in der Kurzreihe zwei bei der täglichen Kommunikation relativ häufig verwendete aus folgenden Gründen ausgewählt: *Seguir/continuar + gerundio*, das in diesem Unterrichtsvorschlag im Mittelpunkt steht, kommt im Spanischen für „immer noch/weiterhin" wesentlich häufiger als das adverbiale *todavía* vor. Es könnte u.a. im Unterricht eine Rolle spielen: *¿Sigues/continúas leyendo/escribiendo en la pizarra...?* z.B. kann in Zukunft als Impuls genutzt werden. Die Bildung der Periphrase weist keine größeren Probleme auf, zusammen mit den neu einzuführenden Wörtern bzw. Wendungen (*patinar, esquiar, ir en trineo, escalar una cascada de hielo, tirar bolas de nieve*) wird der Lernfortschritt in einer Abschlussstunde, in der auch viele bekannte Strukturen korrekt angewendet werden sollen, angemessen gesichert.

Da Verbalperiphrasen Dauer, Beginn, Ende oder Art einer Handlung beschreiben, ist es sinnvoll, u.a. mit „eingefrorenen Handlungen" auf Bildern oder mit Filmszenen, also „laufenden Bildern", zu arbeiten. Die Bildbeschreibung ist bereits mehrfach geübt worden und bietet insofern keine Zugangsschwierigkeiten. Im Rahmen der Einheit sind außerdem Filmsequenzen ohne Ton eingesetzt worden, den Schülern ist also das Verfahren, auf einen Bildimpuls ad hoc spanische Sätze zu bilden, bekannt.

Visuelle Medien, die in jedem Fall einen Beitrag zur Motivation der Schüler leisten, ermöglichen die einsprachige Semantisierung, sie begünstigen situatives und kontextbezogenes Lernen. Sie dienen als Sprechimpulse im Bereich des Erlernens neuer Lexeme sowie beim Einüben und Anwenden neuer syntaktischer Strukturen (vgl. Schilder 1995, 312ff).

Der sprachliche Schwerpunkt im Wortschatzbereich der Stunde liegt auf Freizeitbeschäftigungen im Winter, so dass sich die Durchführung in dieser Jahreszeit anbietet, damit der Unterrichtsinhalt an die Erfahrungswelt der Jugendlichen anschließt und auf diese Weise ihr Interesse wecken bzw. sie motivieren könnte, über Aktivitäten zu sprechen, die in den letzten Wochen ihr Freizeitprogramm bestimmt haben.

In dieser Stunde sollen folgende Kompetenzen trainiert werden: Im Rahmen der kommunikativen und methodischen Fähigkeiten sollen die Schüler eine Winterszene an einem Bergsee unter der Verwendung der Verbalperiphrase *seguir/continuar + gerundio* kohärent beschreiben, Bildung und Gebrauch der Verbalperiphrase *seguir/continuar + gerundio* erkennen und korrekt benennen sowie die neuen Verbformen und den Wortschatz zu den Freizeitbeschäftigungen korrekt aussprechen und anwenden können. In Bezug auf soziale Kompetenzen sollen sie bei der gegenseitigen Fehlerkorrektur fair miteinander umgehen.

Die Stunde wird methodisch wie folgt strukturiert und organisiert: Als Hausaufgabe beschreiben die Schüler acht geeignete Bilder auf Arbeitsblatt I (vgl. Übersichtstabelle), die z.B. gezeichnet, reproduziert oder als Cliparts aus dem Computerprogramm zusammengestellt werden können, unter Verwendung der Verbalperiphrase *estar + gerundio*. Die Hausaufgabe hat sowohl nach- als auch stundenvorbereitende Funktion: Verschiedene unregelmäßige *gerundio*-Formen[25] werden wiederholt und gefestigt, diese und die Verbalperiphrase *estar + gerundio* werden allen beim Vortragen der Sätze zu Beginn der Stunde ins Gedächtnis gerufen. Im Lernschritt 2 werden sie Grundlage der Abgrenzung der beiden Verbalperiphrasen sein. Außerdem bringen die Schüler Fotos ihrer Freizeitbeschäftigungen mit.

---

[25] Bei der Bilderauswahl ist darauf zu achten, dass die abgebildeten Tätigkeiten im Spanischen mit Verben ausgedrückt werden, deren *gerundio* unregelmäßig gebildet wird.

Der geplante Stundenverlauf kann in folgender Übersicht zusammengefasst werden:

Zeit	Lernschritte	Unterrichtsform	Medien
Lernschritt (1) 5 min	1. Die Schüler tragen Hausaufgaben vor, Sicherung an der Tafel	UG/SV[26]	Tafel, Arbeitsblatt I
Lernschritt (2) 15 min	2. Die Schüler versprachlichen Filmszenen, Lehrer führt neue Strukturen ein.	UG/LV/SV	Video
Lernschritt (3) 10 min	3. Die Schüler beschreiben die neuen Strukturen, nennen ihre Funktion, Lehrer sichert Ergebnisse an der Tafel, die Schüler anschließend im Heft	UG/EA	Tafel, Hefte
Lernschritt (4) 10 min	4. Die Schüler beschreiben ein Wandbild	SCH/SCH/I (UG)	Wandbild[27]

----------------------------------alternatives Stundenende----------------------------------

Lernschritt (5) 3 min	5. Ein Schüler beschreibt das gesamte Bild	UG/SV	Wandbild
Lernschritt (6) 2 min	6. Stellen der Hausaufgabe	LV	Arbeitsblatt II

Die vorangehende Übersicht soll an dieser Stelle didaktisch-methodisch kommentiert werden. Bei der im Rahmen dieses Entwurfs diskutierten Stunde, in deren Mittelpunkt Bildbeschreibungen stehen, handelt es sich um den Abschluss einer Unterrichtseinheit zu Verbalperiphrasen mit *gerundio*. Um möglichst viele kohärente Schülerbeiträge unter häufiger Verwendung der neuen grammatischen Struktur zu ermöglichen, ist die Stunde

---

[26] UG: Unterrichtsgespräch; SV: Schülervortrag; EA: Einzelarbeit; SCH/SCH/I: Schüler-Schüler-Interaktion; LV: Lehrervortrag.

[27] Vgl. Kopiervorlage am Ende des Kapitels.

in Abschnitte gegliedert, die aufeinander aufbauen und deren Schwierigkeitsgrad zum Schluss der Stunde hin zunimmt. Die Korrektur von Schülerfehlern soll nach Möglichkeit an die Gruppe abgegeben werden und nur bei Bedarf durch den Lehrer erfolgen. Die Vorüberlegung, in einer durchschnittlichen Lerngruppe viele Möglichkeiten zur Wiederholung zu bieten, hat zu der folgenden Staffelung verschiedener Phasen geführt:

Lernschritt 1: Den Einstieg bildet die Überprüfung der Hausaufgabe. Die Schüler tragen Sätze zu Abbildungen vor, in denen sie die Struktur *estar + gerundio* verwenden. Schwächere Schüler haben diese Aufgabe zu Hause sorgfältig vorbereiten können, sie sollen in dieser Phase gezielt in das Unterrichtsgeschehen integriert werden. An der Tafel werden die *gerundio*-Formen durch den Lehrer isoliert gesichert, um allen Schülern die Möglichkeit zu geben, Tafelbild und eigenes Schriftbild im Heft zu vergleichen und evtl. zu korrigieren. Besondere Aspekte der Formenbildung und orthographische Schwierigkeiten werden im Sinne einer Signalgrammatik farbig markiert.

Lernschritt 2: Die sich anschließende Phase hat sowohl Wiederholungs-, Erarbeitungs- als auch Festigungscharakter. Im Mittelpunkt steht das Medium Film (ohne Ton), dessen kleine Szenen in Dreierblöcken von den Schülern, also kohärent versprachlicht werden sollen. Es bietet sich an, aus Sportübertragungen im Fernsehen oder – falls in der Schule eine Skifreizeit oder eine andere Klassenfahrt im Winter veranstaltet wurde – gefilmte Schüleraktivitäten als gekoppelte Szenen zu schneiden.[28] Das zur Beschreibung der gefilmten Tätigkeiten nötige Vokabular, z.B. Verben zur Bezeichnung von Freizeitaktivitäten, ist einzuführen. Ein Film ohne Ton bietet sich für die Einführung und Versprachlichung der neuen bzw. Wiederholung der bekannten Verbalperiphrase an, da es um Handlungen geht, die sich entweder gerade vollziehen oder immer noch andauern. Sollte einem Schüler eine Tätigkeit nicht in zehn Sekunden einfallen (Länge der Szene), wird die Standbildtaste eingesetzt.

Lernschritt 3: An die Videovorführung schließt sich eine Bewusstmachungs- bzw. Sicherungsphase an: Die Schüler bestimmen die Zusammensetzung der zunächst nur mündlich eingeführten Verbalperiphrase. Das Verständnis ihres Gebrauchs wird durch eine Kontrollübersetzung gesichert. Da beide Verben, *seguir* und *continuar*, Schwierigkeiten bei der Konjugation im Präsens aufweisen, sollen die Paradigmata neben der Bildungsregel ebenfalls an der Tafel gesichert werden. In einer kurzen Stillarbeitsphase werden die erarbeiteten Ergebnisse im Anschluss im Heft fixiert.

Lernschritt 4: Die Schüler beschreiben eine Szene im Winter an einem Bergsee. Da in dieser Stunde bereits ein technisches Medium eingesetzt worden ist, bietet sich alternativ zu einem Bild auf Folie ein Wandbild an[29]. Kohärentes Sprechen kann auch mit diesem Medium durch entsprechende gestische Impulse eingefordert werden. Um die

---

[28] Sollte es technische Probleme geben, muss die neue Form mithilfe von Bildfolien über OHP eingeführt werden.

[29] Die Winterszene hier im Anschluss kann entsprechend vergrößert kopiert und als Wandbild montiert werden.

Festigung der neuen Verbalperiphrase zu sichern, wird das Bild die Überschrift *Hasta ahora no han terminado...* tragen, die bereits aus der Einführungsphase bekannt ist. Die Bildbeschreibung soll von einem Schüler oder einer Schülerin geleitet werden, um Schüler-Schüler-Interaktion zu ermöglichen. Sollte diese Phase nicht ergiebig oder strukturiert genug sein, werden durch den Lehrer im Anschluss bestimmte Strukturen eingefordert.

Lernschritt 5: Abschließend soll ein Schüler oder eine Schülerin die Beschreibung des gesamten Bildes kohärent mündlich vortragen. Sollte am Ende dieser Stunde noch Zeit zur Verfügung stehen, wird die Hausaufgabe als didaktische Reserve gründlich mit Beispielen vorbereitet. Dazu hält der Lehrer ein Arbeitsblatt (vgl. Arbeitsblatt II, Übersicht) mit Fotos von sich und Freizeitaktivitäten bereit, die er immer noch betreibt. Die Abbildungen sind unter Verwendung der neuen Verbalperiphrasen beschrieben. Die Schüler bringen ihre Fotos zur Stunde auch bereits mit[30]. Sollte die Wandbildbeschreibung aus Zeitmangel nicht intensiv genug erfolgen (Sollbruchstelle, vgl. Übersicht), wird sie schriftliche Hausaufgabe werden.

Als Hausaufgabe zur folgenden Stunde beschreiben die Schüler Fotos, auf denen sie selbst eine Sportart oder ein anderes Hobby ausüben. Sie notieren dann, ob das Hobby heute immer noch zu ihren Freizeitbeschäftigungen gehört und welche weiteren sie betreiben. Diese schriftliche Hausaufgabe soll gleichzeitig so vorbereitet werden, dass alle Schüler in der nächsten Stunde ihre Fotos mündlich vorstellen können. Bei dieser Aufgabe tritt im Vergleich zur hier vorgeschlagenen Stunde ein Perspektivwechsel auf, die Schüler verwenden und üben bei ihrer Beschreibung die erste Person Singular, bei der Videoszenen- und Wandbildbeschreibung wurden bisher ausschließlich die dritte Person Singular bzw. Plural verwendet. Die in dieser Kurzreihe erarbeiteten grammatischen Strukturen werden auf diese Weise in einen realen Kommunikationszusammenhang gestellt. Alle Schüler können in der Folgestunde auch Fragen zu den Mitschülerfotos stellen, so dass dialogisches Sprechen unter Verwendung der ersten und zweiten Person geübt werden kann.

---

[30] Wenn man Schüler bittet, Fotos von sich in ihrer Freizeit für die Unterrichtsstunde mitzubringen, sollte man sie darauf aufmerksam machen, dass diese Fotos möglicherweise erst in der Hausaufgabe und somit in der Folgestunde eingesetzt werden. Erwartungshaltungen seitens der Schüler werden auf diese Weise nicht enttäuscht.

HASTA AHORA NO HAN TERMINADO...

Aufgaben

1. Zielsprache Spanisch: Konzipieren Sie das Tafelbild, das in der beschriebenen exemplarischen Unterrichtssituation entsteht.
2. Entwerfen Sie eine Unterrichtsstunde zur Einführung der Farbadjektive für Ihre Zielsprache. Als Idee für eine Festigungsübung dient ein Mafalda-Comic von Quino aus dem Lehrwerk *Comunicación en torno a Hispanoamérica* (vgl. Tichauer 1985, 62) bzw. das dargestellte „Ich sehe was, was Du nicht siehst…"-Spiel:

3.6 Hausaufgaben, Fehlerkorrektur, Klassenarbeiten und Klausuren

Für die Planung und Organisation von Fremdsprachenunterricht sollen an dieser Stelle in einem an der Unterrichtspraxis orientierten Überblick noch drei Aspekte – Hausaufgaben, Fehlerkorrektur, Klassenarbeiten und Klausuren – vorgestellt werden, die sich für eine gemeinsame Betrachtung anbieten.

Hausaufgaben haben im Hinblick auf eine Stunde nachbereitenden oder vorbereitenden bzw. vorentlastenden Charakter. Damit die Schüler sie weiterhin regelmäßig anfertigen, müssen sie immer verbindlich eingefordert werden und den Unterricht dabei bereichern. Kann also in welcher Situation auch immer keine geeignete Hausaufgabe gestellt werden, ist es durchaus möglich, auf dieselbe zu verzichten. Dies gilt vor allem für Stunden, in denen Themen neu entdeckt werden, auf die die Schüler nicht vorbereitet sein sollen.

Es ist wichtig, dass Schüler die Hausaufgabenstellung durchdenken können. Sie müssen Gelegenheit zu Nachfragen erhalten (vgl. FD FRZ, 254). Dies muss deutlich vor dem Stundenende geschehen. Wenn Hausaufgaben Trainingscharakter haben, sollten sie Abwechslung bieten. Das Kapitel 3.4 zur Übungstypologie liefert Anregungen dazu.

Hausaufgaben müssen durchgesehen bzw. im Falle einer mündlichen Leistung als Vortrag verfolgt werden. Gelungene Aufgaben und ggf. auch Fehler müssen thematisiert werden. Sie haben eine diagnostische Funktion, da sie sowohl Schüler wie auch Lehrer über den Kenntnisstand informieren. Grundsätzlich sollten Fehler deshalb positiv wahrgenommen werden: Mit ihnen können Wortschatz und Strukturen reflektiert, Sprache also bewusst gemacht werden.

Fehler müssen besonders in den ersten Lernjahren konsequent und in vergleichbarer Form korrigiert werden. In Klassen-, Vergleichsarbeiten und in Lernzielkontrollen bis hin zum Abitur spielen sie eine Rolle für die Leistungsmessung. Um Fehlervermeidungsstrategien zu trainieren, müssen sie zunächst thematisiert werden. Dies geschieht je nach Aufgabenschwerpunkt in mündlicher oder schriftlicher Form. Für beide Korrekturen gibt es spezifische Techniken.

Besonders im mündlichen Bereich sind diese dem Alter der Schüler anzupassen. Jüngere Schüler können durch eine entsprechende Gestik oder Mimik mit Ritualcharakter oder/und einem akustischen Signal, also durch nonverbale Strategien (vgl. FD FRZ, 288) aufmerksam gemacht werden, ab etwa Klasse 7 kann ein Fehler mittels Lückentext als Tafelanschrieb visualisiert werden: Der fehlerhafte Teil wird ausgespart und muss auf Zeigeimpuls hin richtig ergänzt werden. Wenn man auf die zeitintensivere Bewusstmachung des Fehlers verzichten möchte, kann der Lehrer nach der Äußerung diese korrigieren, also positiv überformen (vgl. FD FRZ, 288).

Wenn längere kohärente Äußerungen erfolgen, sollten in Anlehnung an den GER nur die Fehler herausgegriffen und korrigiert werden, die die Kommunikation entscheidend beeinträchtigen. Die Korrektur erfolgt immer nach dem Schülerbeitrag. Dieses Verfahren muss außerdem transparent gemacht werden.

Wenn schriftliche Schülerbeiträge zur Korrektur vorliegen, ist grundsätzlich jeder Fehler sorgfältig zu korrigieren. Sinnvoll ist hierbei die Markierung desselben und ein Vermerk zum Fehlertyp[32], wenn der Schüler in der Lage sein muss, aufgrund des gelernten Stoffes die Korrektur selbst durchzuführen. Fehler, die aus Unkenntnis eines sprachlichen Phänomens auftreten, sind mit einer expliziten Korrektur zu versehen, zusätzlich kann ggf. eine Regelerklärung bzw. eine genaue Wortschatzdifferenzierung erfolgen.

Für jede Arbeit, die korrigiert wird, gilt, dass aus motivationspsychologischen Gründen auch eine Positivkorrektur erfolgt. Besonders gelungene Passagen, sprachlich wie inhaltlich, sollen positiv hervorgehoben werden. Das kann sogar so weit gehen, dass in einer Lernzielkontrolle eine Aufgabe mit Zusatzpunkten versehen wird, die zugunsten des Schülers verrechnet werden können.

Im Rahmen einer lernerorientierten Korrektur (vgl. FD FRZ, 286) können individuelle Fehlerraster angelegt werden. Die Schüler notieren die korrigierte Passage in einer bestimmten Kategorie (Orthographie, Genus, Tempus etc., angelehnt an die Fehlertypen), unterstreichen die richtige(n) Form(en) und notieren ggf. die Regel dazu. Schüler erkennen auf diese Weise, welche sprachlichen Aspekte ihnen noch Schwierigkeiten bereiten und was sie gezielt üben können.

---

[32] Eine sehr übersichtliche synoptische Darstellung der Fehlerbezeichnungen findet sich in FD FRZ, 285.

Für die Leistungsmessung muss eine Gewichtung der Fehler festgelegt werden. Dies geschieht im schriftlichen Bereich häufig durch festgelegte Zeichen neben der Markierung für den Fehlertyp. Auch für die Vergabe mündlicher Noten bietet es sich an, einen Erwartungskatalog in synoptischer Form anzulegen, der hinterher dazu dienen kann, den Leistungsstand der einzelnen Schüler im Rahmen einer Lernstandserhebung genau zu beschreiben und Lerntipps für den weiteren Unterrichtsverlauf zu vergeben. Dies gilt besonders auch für mündliche Prüfungen, die in verschiedenen Bundesländern zurzeit an die Stelle einer Klausur oder Klassenarbeit treten können.

Leistungsbeurteilung und -bewertung zählen zum Handwerkszeug des Lehrers und sind gleichzeitig ein häufiger Reibungspunkt im Unterrichtskontext zwischen allen Beteiligten. Will man eine Leistung beurteilen, wird man Bezugsnormen (vgl. FD FRZ, 258f) in den Blick nehmen: Die individuelle Bezugsnorm beschreibt den Lernfortschritt eines einzelnen Schülers in einem bestimmten Beobachtungszeitraum. Die kriteriumsorientierte Norm vernetzt Vorgaben zu einzelnen Kompetenzbereichen mit den Leistungen des einzelnen Lerners: In wie weit hat er diese Vorgaben erreicht? Und die soziale Bezugsnorm ermittelt Leistungen innerhalb einer Lerngruppe und geht bei der Zuordnung der Leistungen von der Gauß'schen Normalverteilungskurve aus.

Es ist sinnvoll, bei einer Bewertung sowohl summative bzw. ergebnisorientierte Erhebungen (z.B. Klassenarbeitsergebnisse) als auch formative, also prozessorientierte Feststellungen (Betrachtung des Lernwegs, des Arbeitsverhaltens und Lernfortschritts) zu berücksichtigen (vgl. FD FRZ, 260).

Klassenarbeits- oder Klausurergebnisse werden in der Regel im Sprachrichtigkeitsbereich nicht mehr über einen Fehlerindex („Fehler mal 100 durch Wörter") ermittelt, sondern sind an den KMK-Punkten und der Notendefinition orientiert. Eine sehr gute Leistung zum Beispiel entspricht den Anforderungen im besonderen Maße, eine ausreichende weist zwar Mängel auf, entspricht aber im Ganzen noch den Anforderungen. Für die Begutachtung im Bereich Sprache werden beschreibende Texte gewählt, die die Gliederung, den allgemeinen und themenspezifischen Wortschatz, Satzbau, textsortenspezifische Formulierungen, die Einbindung der Materialien und die Zitierweise in einer Überprüfung beurteilen. Hinsichtlich der Verstöße gegen die Sprachrichtigkeit werden zusammenfassende Aussagen getroffen, nicht mehr einzelne Fehler gezählt und addiert. Dies geschieht immer gemessen daran, wie gut die Kommunikationsabsicht erreicht bzw. wie stark sie beeinträchtigt ist.

In den Praxisphasen des Studiums sollte man sich Einblicke in Korrekturverfahren und Leistungsmessung verschaffen. Erst durch längere Berufspraxis gelingt es, dank vieler Erfahrungen und des Austauschs mit Kollegen, immer sicherer angemessen zu bewerten. Grundsatz sollte sein, positive und negative Beurteilungen transparent und nachvollziehbar zu gestalten. Rückmeldungen von Schülerseite zum Thema Bewertung sind anzunehmen und immer kritisch zu reflektieren.

Die Lerngruppe muss auf Klassenarbeiten und Klausuren wie auf alle Leistungsüberprüfungen sehr gut vorbereitet werden. Aufgabentypen und Operatoren sollten vorgestellt und trainiert worden sein.

Aufgaben

1. Studierende mit der Zielsprache Spanisch lesen die Hinweise zum Umgang mit Fehlern bei Alonso und bei Ribas Moliné / d'Aquino Hilt nach. Studierende der Zielsprachen Französisch und Italienisch lesen die Seiten 368-383 in Eynar Leupolds *Französisch unterrichten*. Notieren Sie relevante Aspekte für eine Präsentation.
2. Informieren Sie sich über die Abgrenzung der Begriffe „Lernziel" und „Kompetenz" in den genannten Handbüchern in Kapitel 2.4.
3. Konzipieren Sie einen Vokabeltest und eine Klassenarbeit zu einem Thema Ihrer Wahl. Lesen Sie dazu FD FRZ, 272-279 und sehen Sie sich in Kerncurricula bzw. Kernlehrplänen an, welche Kompetenzüberprüfung wie in eine Klassenarbeit integriert wird.

4. Medien im Unterricht

Vor den verschiedenen Vorschlägen zur Arbeit mit Texten im Unterricht bietet es sich an dieser Stelle an, die aktuell häufig eingesetzten Medien zu kategorisieren, Vor- und Nachteile zu erörtern und Entscheidungshilfen hinsichtlich der Unterrichtssituation anzubieten.

> **Medien** sind **tiefgefrorene** Ziel-, Inhalts- und Methodenentscheidungen – zumeist in Form von Unterrichts- oder Lehrmaterialien. Sie müssen durch das methodische Handeln von LehrerInnen und SchülerInnen wieder **aufgetaut** werden (Jank, Meyer 1991, 211; Hervorhebung durch die Verfasserin).

Wie können Inhalte vermittelt werden, um einen möglichst großen Lernerfolg zu sichern? Welche Medien werden zu welchem Zweck eingesetzt bzw. „aufgetaut"? Diese methodischen Vorüberlegungen sind wichtig für die Planung und Durchführung von Fremdsprachenunterricht und bilden eine Grundlage des folgenden Kapitels zur Textarbeit.

In der didaktischen Literatur ist der Bereich Medien von einer terminologischen Vielfalt gekennzeichnet. Reinhold Freudenstein schlägt deshalb im HB FSU folgende Definition vor:

> Inzwischen hat sich das Wort Medium für alles eingebürgert, das im Fremdsprachenunterricht die Arbeit des Lehrers und das Lernen der Schüler zu unterstützen und zu fördern vermag (Freudenstein 2003, 395).

Medien bzw. Unterrichtsmittel können nach verschiedenen Gesichtspunkten geordnet werden. Zunächst werden personale und apersonale Medien unterschieden: Lehrer, Schüler oder weitere Personen, die am Unterricht teilnehmen, werden den personalen Medien zugerechnet, alle weiteren Elemente gehören zu den apersonalen Medien.

Weiterhin gibt es die Kategorien „technisch" und „nichttechnisch". Die technischen Medien werden in Verbindung mit elektrisch betriebenen bzw. elektronisch gesteuerten Geräten eingesetzt, alle anderen Unterrichtsmittel sind den nichttechnischen Medien zuzuordnen. Eine zusätzliche Differenzierungsmöglichkeit bietet der Wahrnehmungskanal, der im Unterricht eine Rolle spielt. Gruppiert werden in diesem Fall auditive, visuelle und audiovisuelle Medien.

Durch die Benutzer der Unterrichtsmittel ergibt sich folgende Zuordnung: Medien für Lehrer werden als Lehrmittel, Medien für Schüler als Lernmittel bezeichnet. Diese Einteilung erweist sich in den Fällen als schwierig, in denen sowohl Lehrer als auch Schüler ein Medium benutzen. Die folgende Übersichtstabelle verzichtet deshalb auf die zuletzt genannte Kategorisierung:

	Technische Medien	Nichttechnische Medien
Visuelle Medien	PC/Laptop + Beamer Overhead-Projektor Übersetzungstaschenrechner Internet, E-Mail CD-Rom Interaktive Whiteboards Smartboards Smartphones [Dias, Abbildungen über Episkop]	Lehrbuch/Arbeitsbuch Lerngrammatik/Wörterbuch Lektüre Hausheft Arbeitsblatt Realien Tafel/Flipchart/Pinnwand/ Magnettafel Foto/Poster Wandbild, Landkarte …
Auditive Medien (Geräte zur Aufnahme und Wiedergabe von Sprache mit Tonträgern)	Radioprogramm/Hörspiel/ MP3/CD/Minidisk [Tonband; Kassette, Schallplatte mit entsprechenden Abspielgeräten]	*Mündliche Beiträge der Lehrenden und Lernenden, ggf. der Gäste*
Audiovisuelle Medien (Bild und Ton übermitteln gemeinsam Informationen)	PC (insb. Internet) Filme auf DVD Fernsehprogramm (mit entsprechenden Abspielgeräten incl. Beamer) [Video]	*Aufführung im Theater/ Äußerungen in der Zielsprache* in Kombination mit Bildmedien

Die personalen Medien sind kursiv, die apersonalen in normaler Schrift gedruckt. In eckigen Klammern finden sich die Unterrichtsmittel, die heute in der Regel durch aktuellere technische Möglichkeiten abgelöst worden sind.

4.1 Ziele des Medieneinsatzes

Medien dienen der Optimierung des Fremdsprachenunterrichts. Sie sollen den Lehr- und Lernprozess intensivieren, indem durch ihren Einsatz Lehrinhalte und -formen erweitert werden (vgl. Freudenstein 2003, 395f). Sie sind deshalb auf der Grundlage fachspezifischer Forderungen speziell für den Fremdsprachenunterricht konzipiert worden:

> Ihre Funktionen reichen vom Einsatz als rein formales Mittel zur Auflockerung des Unterrichts bis hin zur selbständigen Übernahme inhaltlicher Anliegen, z.B. bei Selbstlernmaterialien oder Computerprogrammen (Freudenstein 2003, 396).

Medien erleichtern und vervollkommnen die Unterrichtsführung, wie ausgewählte Beispiele belegen: Nur mit Sprachaufnahmen wird es möglich sein, Originalsprecher oder Varietäten der Zielsprache in das tägliche Unterrichtsgeschehen zu integrieren. Die Sicherung der Ergebnisse einer Hausaufgabe verläuft zeitökonomisch, wenn die Lehrperson bei der häuslichen Vorbereitung eine Folie mit Lösungen für den Overheadprojektor oder eine Powerpoint-Datei ausgearbeitet hat. Durch Abbildungen oder Realien im Unterricht werden die Semantisierung neuer Vokabeln wesentlich erleichtert und lange, schwer verständliche Lehrervorträge überflüssig.

Der gezielte Medieneinsatz ermöglicht einen Methodenwechsel, der sich positiv auf die Lernmotivation auswirkt. Jedes Unterrichtsmittel soll als Lernimpuls (vgl. Freudenstein 2003, 397) fungieren, es hat niemals die Rolle einer Belohnung: Beim „Film in der letzten Stunde vor den Ferien" kann nicht mehr vom gezielten, unterrichtsbezogenen Medieneinsatz gesprochen werden. Die ausschließliche Filmbetrachtung in einer Stunde bedeutet keinen Methodenwechsel, fungiert nicht als Impuls, der Schüler dazu veranlasst, die Fremdsprache in der Stunde anzuwenden und miteinander zu kommunizieren. Ein ähnliches Problem besteht bei didaktischen Medien zu Selbstlernzwecken, die teilweise oder vollständig an die Stelle des Lehrers treten können.

> Hier stößt der Medieneinsatz im kommunikativen Fremdsprachenunterricht allerdings an klar bestimmbare Grenzen. Sprache als Äußerungsform menschlicher Existenz ist ein soziales Ereignis; als solches kann es mithilfe von Medien zwar zeitweise stimuliert, aber nicht ersetzt werden. Die Ziele des modernen Fremdsprachenunterrichts können nicht erreicht werden, wenn Menschen als Kommunikationspartner aus dem Lehr- und Lernprozess ausgeklammert bleiben (Freudenstein 1995, 289).

Verschiedene Gründe haben sich allerdings negativ auf eine weitere Verbreitung von Medien ausgewirkt: Mit Erfahrungsberichten und Ergebnissen empirischer Forschungen (vgl. Freudenstein 2003, 398) zum Medieneinsatz haben wesentlich bessere Erfolge beim Lernen fremder Sprachen nicht nachgewiesen werden können. In Richtlinien bzw. Lehrplänen wird ihr Einsatz nur empfohlen, nicht aber verbindlich vorgeschrieben. Für den Medieneinsatz ist oft ein erhöhter Vorbereitungsaufwand notwendig, der in der späteren Berufspraxis unter bestimmten Rahmenbedingungen, beispielsweise am Gymnasium die Abiturphase mit Korrekturen und mündlichen Prüfungen, nicht für jede Stunde zu leisten sein wird. Technische Geräte sind darüber hinaus in vielen Schulen immer noch schwer zugänglich oder überhaupt nicht vorhanden. Fremdsprachenräume, in denen alle Unterrichtsmittel ständig zur Verfügung stehen, bleiben ein Desiderat (vgl. Freudenstein 1995, 290f sowie 2003, 397).

Auf eine noch ausführlichere Diskussion der Fachliteratur zum Thema Medien soll an dieser Stelle verzichtet werden; die Mehrheit der Autoren betont, dass Medien in einem modernen Fremdsprachenunterricht unverzichtbar sind.

4.2 Medienpräferenzen in spezifischen Unterrichtssituationen

Im Rahmen der Arbeit mit Texten, der das folgende Kapitel gewidmet ist, können unterschiedliche Medien zum Einsatz kommen. Deshalb werden an dieser Stelle Vor- und Nachteile beschrieben, die die Präferenz ausgewählter Medien für bestimmte Unterrichtssituationen illustrieren.

Tafel, Flipchart und Pinnwand dienen zur Präsentation, Entwicklung und Kognitivierung (vgl. Schilder 1995, 312) der im Unterricht besprochenen Zusammenhänge. Mit ihrer Hilfe werden Schülerbeiträge protokolliert und Ergebnisse gesichert. Die Tafel ist in der Regel lokal fixiert, Flipchart und Pinnwand sind flexibel im Raum umzustellen.

Da sich in der Regel in jedem Klassenzimmer eine Tafel befindet, kann sie spontan eingesetzt werden. Sie wird im Mittelpunkt stehen, wenn nicht geplante Worterklärungen erforderlich sind. Die Bedeutung einer Vokabel wird dann zeichnerisch veranschaulicht, Klang- und Schriftbild werden nach mündlicher Anwendung des neuen Lexems verknüpft (vgl. Schilder 1995, 312). Bereits bekannte grammatische Zusammenhänge können ebenfalls auf einem Außenflügel, der als Notizblock verwendet wird, durch Beispiele wiederholt und gedächtniswirksam festgehalten werden.

Im Verlauf einer Stunde unterstützt ein Tafelanschrieb stumme Impulse. Die Schüler erinnern sich ggf. schneller an eine Vokabel, die schon an der Tafel steht, wenn diese kurz unterstrichen oder mit der Kreide hörbar angetippt wird. Das gesamte Tafelbild kann sowohl in der Spracherwerbsphase als auch im Unterricht für fortgeschrittene Lerner am Ende einer Stunde kohärent versprachlicht werden. Letzteres gilt auch für Flipchart und Pinnwand bzw. Magnettafel.

Die Tafel ermöglicht besondere Übungsformen: Durch Wegwischen entsteht ein Lückentext, den die Schüler wieder füllen können. Durch das Umklappen eines Flügels können vorher sichtbare Informationen von den Schülern aus dem Gedächtnis vorgetragen werden.

Arbeitsblätter ersetzen bei lehrwerkunabhängiger Arbeit das Lehr- und Arbeitsbuch. Sie sind die Basis für Texte und Übungsmaterialien, die allen Schülern zur Verfügung gestellt werden müssen. Durch sie werden - wie auch im Hausheft - Unterrichtsthemen und -inhalte archiviert. Die Schüler haben auf diese Weise zu Hause Gelegenheit, erarbeiteten Stoff nachzulesen und zu wiederholen.

Realien und Abbildungen bieten die Möglichkeit zum Verzicht auf die Muttersprache im Fremdsprachenunterricht. Sie erlauben Semantisierungen in der Fremdsprache: Bedeutungen können problemlos visualisiert werden, besonders dann, wenn eine zielsprachliche Erklärung noch nicht verstanden wird.

Der Overhead-Projektor bündelt – wie die Tafel – die Aufmerksamkeit der Schüler. Der Vorteil des Projektors besteht darin, dass derjenige, der etwas aufschreibt, sich nicht von der Lerngruppe abwenden muss. Mündliche Beiträge sind akustisch kaum zu verstehen, wenn der Lehrende zur Tafel gewandt spricht.

Entscheidend ist der zeitökonomische Faktor: Folienbilder können – wie auch Powerpointpräsentationen – im Unterschied zu Tafelbildern zu Hause vorbereitet werden: Komplexe Bilder wie z.B. Stadtpläne mit verschiedenen Gebäuden können nicht am Beginn einer Stunde an der Tafel langsam entworfen werden. Detaillierte Zeichnungen zur Semantisierung der Vokabeln lassen sich ebenfalls zeitsparend bei der häuslichen Vorbereitung erstellen. Eine Folie kann in einer anderen Stunde noch einmal aufgelegt werden, die Ergebnisse einer Stunde sind insofern leicht zu archivieren, der Tafelanschrieb „Bitte stehen lassen" erübrigt sich.

Die folgenden Projektionstechniken können außerdem gewählt werden: Overlay-, Figurinen-, Auf- und Abdeck- sowie Ergänzungstechnik. Wenn man an das Thema Stadtplan bzw. Wegbeschreibung denkt, können verschiedene Overlayfolien mit eingezeichneten Wegen als Sprechanlässe eingesetzt werden. Figuren ermöglichen, dass mit ihnen eine Bewegung für alle sichtbar mitverfolgt werden kann. Durch sukzessives Auf- und Abdecken kann bei der Grammatikerarbeitung genau das Beispiel isoliert präsentiert werden, das als neuer Denkanstoß das entdeckende Lernen unterstützt. Lückentexte auf Folien können durch Schüler handschriftlich auf dem Overlay ergänzt werden. Wird es anschließend entfernt, steht der Lückentext wieder zur Verfügung. Ein sicheres Beherrschen von Powerpoint ermöglicht ähnliche methodische Vorgehensweisen am PC bzw. am Laptop und Beamer.

Die Overhead-Folie lässt eine besondere Art der Hausaufgabenüberprüfung zu. Ein oder zwei Schüler erhalten Folien, auf die sie die Hausaufgabe schreiben. Als Ergebnissicherung wird die Folie für alle in der Folgestunde projiziert, jeder hat zusätzlich zum mündlichen Vortrag eine schriftliche Vorlage zum Vergleich. Fehler können von Schülern auf der Folie korrigiert werden, die ihnen im Anschluss in Kopie für das Hausheft zur Verfügung gestellt werden sollte. Diese Lösung ist einer komplexeren Powerpointpräsentation vorzuziehen, weil u.a. organisatorische und technische Schwierigkeiten auf Schülerseite ausgeschlossen werden können.

Der Einsatz von MP3-Dateien/CDs verbindet sich traditionell mit Hörverstehensaufgaben. Hier kann gelenktes bzw. nichtgelenktes Global- bzw. Komplexverstehen und Detailverstehen abgeprüft werden. Beim gelenkten Hören wird die Aufmerksamkeit der

Schüler durch die Aufgabenstellung auf Wesentliches gerichtet, sie können so eigene Hörstrategien aufbauen. In einer nichtgelenkten Hörphase wird nach mehrmaligem Abspielen der Aufbau von Hörstrategien nicht gefördert, das Hörverstehen also nicht geschult, sondern nur überprüft (vgl. Beile 1995, 316).

Zum Hörverstehen bieten sich folgende Aufgaben bzw. Übungsformen an (vgl. Beile 1995, 316f): Im Rahmen der Orientierungsphase wird auf die Situation, das Thema, bei Bedarf auf Besonderheiten des Texts hingewiesen. In diesen gelenkten Hörphasen kann dann ein Lückentext ergänzt werden. Oder: Von verschiedenen Abbildungen müssen die markiert werden, die im Hörtext vorkommen. Sätze in die richtige Reihenfolge zu bringen oder eine Skizze parallel zum Hören anzufertigen, können Aufgaben im Rahmen des nichtgelenkten Hörens sein.

Mit Minidiskplayer oder Laptop nebst Mikrophon lassen sich Sprachbeiträge archivieren: Einzelne Schülergruppen können so Arbeitsergebnisse anschließend der gesamten Lerngruppe präsentieren. Dabei lässt sich ebenso Detail- bzw. Globalverständnis überprüfen wie Fehlerkorrektur schulen. Die Schüler können bewusst inhaltliche (also keine sprachlichen) Fehler in einen Hörtext einbauen, die ihre Mitschüler anschließend heraushören und korrigieren müssen.

Als vorteilhaft beim Einsatz einer Sprachaufnahme stellt sich die beliebig häufige Wiederholung (vgl. Beile 1995, 314) und die Unterbrechung durch die Pausentaste dar. Die Präsentation von Hörverstehensaufgaben in der Zielsprache lässt sich so dem Lerntempo der Schüler anpassen.

Der Video-, der DVD-Rekorder bzw. auch ein PC als audiovisuelle Medien ermöglichen die Verbindung von Hören und Sehen, das Hörverstehen wird durch Bilder erleichtert, diese unterstützen das Verständnis des zielsprachlichen Texts.

> Bei laufendem Film befindet sich der Lernende in einer passiven Rolle: die Einwegkommunikation führt zum Kommunikationsstau. [...] Die Aktivierung der Lernenden [...] sowie das Umschalten auf sich anschließende sozial-interaktive, kommunikative Arbeitsformen sind [...] nicht leicht und erfordern entsprechende Didaktisierungen (Müller/Raabe 1995, 319 sowie Raabe 2003b, 424).

Verschiedene methodische Variationen sind möglich: Bei der Stummfilmvariante versprachlichen die Schüler Handlungen, die sie am Bildschirm ohne Ton verfolgen. Bei Bedarf werden die Pausentaste oder die Standbildtaste genutzt. Ohne Blick auf den Bildschirm kann das Abspielgerät alternativ zu Hörverstehenszwecken eingesetzt werden. Die Filmkamera dient auch – genau wie der Minidiskplayer – zur Aufnahme von Schülerbeiträgen, die im weiteren Unterrichtsverlauf verwendet werden können, sofern die Schüler bereit sind, schauspielerische Aufgaben zu übernehmen.

Powerpoint ersetzt heute in vielen Fällen den OHP, eine funktionierende technische Logistik vorausgesetzt. Die Leuchtkraft nahezu aller Farben auf den PP-Folien kann ein OHP nicht bieten, genauso wenig besteht mit ihm die Möglichkeit, bewegte Bilder auf die Leinwand zu projizieren. Beide Projektionsmedien, OHP und Beamer, können abwechselnd mit nur einer Leinwand betrieben werden, da sich über eine PC-Taste, häufig der Buchstabe ‹b›, die Beamer-Projektion unterbrechen und wieder einschalten lässt.

Allerdings „kommunizieren" private Laptops nicht immer mit dem installierten Beamer. Möchte man über WLAN auf das Internet zugreifen, muss die Verbindung technisch einwandfrei möglich sein. Umfangreiche Speichermodalitäten für Dateien, die aus dem Netz heruntergeladen werden dürfen, müssen ggf. vorab geprüft werden, denn bereits auf der Festplatte befindliche Informationen sind auch dann greifbar, wenn im Netz ein Zugriff technisch nicht mehr möglich ist.

Ideal lassen sich Vorteile der Tafel – z.B. spontane, flexible Tafelbilder – mit einem Smart- oder Whteboard verbinden. Die Vernetzung des Boards mit einem PC ermöglicht eine direkte Archivierung des handschriftlichen Tafelanschriebs. Allerdings verfügen die wenigsten Unterrichtsräume über diese technischen Möglichkeiten.

Powerpoint eröffnet eine schier unendliche Vielfalt an Layout-Möglichkeiten. An dieser Stelle sei aus Erfahrung erwähnt, dass zu viel Bewegung bei Textprojektion häufig verwirrend wirkt; Kürze, Klarheit, Prägnanz und zielgerichteter Farbeinsatz sind absolut notwendig. Hier gilt: Weniger ist mehr.

Bei der Verwendung technischer Medien muss immer ein möglicher Stromausfall bedacht werden. Für diesen Fall sollten alternative methodische Vorgehensweisen, ein sogenannter Notfallplan, antizipiert werden. Hörtexte können von einem Schüler oder vom Lehrenden vorgelesen werden, entscheidende Elemente ausgearbeiteter Folien müssen an der Tafel präsentiert werden. Bei sehr wichtigen Phasen, die – methodisch alternativ gestaltet – keinen gezielten Fremdsprachenunterricht ermöglichen, ist es sinnvoll, für den Fall eines technischen Defekts ein Ersatzgerät bereitzustellen. Für die Projektionsleinwand muss bei ungünstiger Sonneneinstrahlung schließlich für eine Abdunklungsmöglichkeit gesorgt sein.

Aufgabe

1. Machen Sie sich mit den oben vorgestellten Medien vertraut, indem Sie eine Präsentation eines Themas Ihrer Wahl, Dauer etwa 15 Minuten, vorbereiten. Es sollen dazu drei verschiedene Medien begründet ausgewählt und eingesetzt werden. Sowohl dynamischer, interaktiver Medieneinsatz während des Vortrags zwischen Ihnen und dem Publikum wie auch die Integration vorbereiteter Informationsmaterialien sollen eine Rolle spielen.

5. Textarbeit

Im modernen Fremdsprachenunterricht spielt die Textarbeit[33] eine wichtige Rolle. Dies bezieht sich unter anderem auf literarische Texte, die beispielsweise seit den 1980er Jahren wieder fest in das Curriculum des Französischunterrichts (vgl. FD FRZ, 206) integriert sind. Die Arbeit mit ihnen, aber auch der Ausblick auf die Integration weiterer Texttypen im Sinne des erweiterten Textbegriffs, der z.B. Filme mit einschließt, in die Planung und Durchführung von Unterricht, sollen im Mittelpunkt dieses Kapitels stehen.

Durch das Zentralabitur (im Folgenden ZAbi) – eingeführt an Gymnasien in fast allen Bundesländern – sind die zu bearbeitenden Texte vor den Prüfungen zur Allgemeinen Hochschulreife von den jeweiligen Kommissionen verbindlich vorgeschrieben. Abgesehen von den festgelegten Wiederholungsthemen bzw. Modulen für Schüler, die einen Jahrgang ein zweites Mal durchlaufen, werden in den Bundesländern stetig neue Rahmenthemen anvisiert. An dieser Stelle erübrigt sich somit die Festlegung beispielsweise auf einen bestimmten Kanon von literarischen Texten, die vor einer didaktisch-methodischen Aufarbeitung gelesen und analysiert sein sollten.

Im Folgenden finden sich deshalb Beispiele, die aufgrund bestimmter Kriterien für den Einsatz im Fremdsprachenunterricht geeignet sind. Die Vorschläge zur Arbeit mit diesen Texten können auf die unterschiedlichen festgelegten Texte im Rahmen des ZAbis übertragen werden.

Texte – im Sinne eines erweiterten Textbegriffs – eignen sich besonders dann für den Einsatz im Unterricht, wenn sie einen deutlichen Bezug zur Lebenswelt der Schüler aufweisen. Zu wählen sind darüber hinaus solche, die interkulturell relevante Themen behandeln, die zur Auseinandersetzung mit dem Fremden anregen, weil sie den Blick für fremde Lebenswelten und Perspektiven schärfen, Empathievermögen aufbauen und gleichzeitig für das Erkennen eigener kulturspezifischer Zusammenhänge sensibilisieren. Sie müssen dem Lernniveau der Gruppe in Bezug auf die sprachliche Komplexität und die Länge an sich angepasst sein. Ein Text ist auch dann besonders gut in einer Lerngruppe einzusetzen, die sowohl aus Schülerinnen als auch aus Schülern besteht, wenn das geschlechtsspezifische Empathiepotenzial nicht zu stark ausgeprägt ist.

Grundsätzlich ist bei didaktisierten Originaltext-Ausgaben darauf zu achten, ob der didaktische Apparat nebst Layout – Vokabelhilfen, Aufgaben, Informationen zum Autor, das Textverständnis stützende Visualisierungen in Form von Zeichnungen, Fotos etc. – die Planung und Durchführung des Unterrichts sinnvoll unterstützt. Vorteilhaft

---

[33] Für die Realschule und entsprechende Jahrgangsstufen der Gesamtschule spielen Überlegungen rund um das Abitur eine untergeordnete Rolle. Im Rahmen dieser Spracherwerbsphase muss aber auch Textarbeit stattfinden. Die Medien dazu sind in der Regel weniger umfangreich und weniger komplex als in der gymnasialen Oberstufe. Gleichwohl sind die grundsätzlichen Überlegungen des Kapitels 5 übertragbar, lediglich die Materialauswahl und die Trainingsgegenstände müssen auf die Lerngruppe abstimmt werden.

erweist sich eine Modellanalyse, die in der Regel viele Anregungen für den Unterricht bereithält. Zu aktuellen ZAbi-Themen bieten die verschiedenen Verlage zeitnah solche Materialien an.

Als wichtiger Grund für die Beschäftigung mit Literatur sei die Fähigkeit der Lernenden genannt, sich mit auf fiktiver Ebene exemplarisch dargestellten menschlichen Situationen und Verhaltensweisen auseinanderzusetzen und so ihr eigenes Selbstverständnis und ihre Entscheidungsfähigkeit entwickeln zu können. Literatur eröffnet also nicht nur Perspektiven, die fiktionale Wirklichkeit kennen zu lernen; sie bietet auch, wenn man eine schülergemäße Auswahl voraussetzt,

> [...] zahlreiche Möglichkeiten der Identifikation, der persönlichen Anteilnahme, des direkten Betroffenseins, somit auch eine besondere Motivation für schriftliche und mündliche Äußerungen wie auch für den Umgang mit Texten ganz allgemein (Schneider 1988, 3).

Aufgaben

1. Überlegen Sie, welche literarischen Texte Sie in der Vorbereitung auf das Abitur in der (den) von Ihnen gewählten romanischen Sprache(n) gelesen haben und welche Ihnen besonders in Erinnerung geblieben sind.
2. Recherchieren Sie im Internet die einzelnen ZAbi-Themen verschiedener Bundesländer – jeweils bezogen auf Ihre Zielsprache. Vergleichen Sie die Vorgaben mit Ihrem Lektürepensum in der Schule. Überlegen Sie, ob es im Rahmen dieser curricularen Vorgaben sinnvoll sein kann, für die Lehrerausbildung einen Textkanon festzulegen bzw. welche Texte und Medien im Lehramtsstudium eine wichtige Rolle spielen könnten.

5.1 Literatur im Unterricht

Als authentische Texte werden literarische Texte vor allem im Unterricht fortgeschrittener Lerngruppen Verwendung finden. Diese Schüler wurden in der Regel in der Spracherwerbsphase mit didaktisierten, eigens für die Vermittlung spezifischer Strukturen bzw. ausgewählter Wortschatzkapitel konzipierten Texten konfrontiert. Auch adaptierte[34], d.h. auf das Spracherwerbsniveau transformierte Texte finden sich in Lehrwerken oder werden als lehrwerkunabhängige Ganzschriften im FSU bearbeitet. Erste, weniger umfangreiche literarische Texte haben ebenfalls schon einen Platz im Unterricht gefunden. Die Lerner sind deshalb mit Textarbeit in Grundzügen vertraut. Sie sind in der Lage, mehrere Seiten kursorisch zu lesen oder einzelne ausgewählte Passagen intensiv zu rezipieren.

---

[34] Der Einsatz zusätzlicher adaptierter bzw. stark gekürzter Fassungen, die weit vom – häufig sehr umfangreichen – Originaltext entfernt einzuordnen sind, sollte abgewogen, kürzere authentische Texte sollten vorgezogen werden.

Sie können Fragen zum Text beantworten, indem sie ihn paraphrasieren, um ihn ggf. anschließend zusammenzufassen.

Literarische Texte sollten Spannung, Handlung und facettenreiche Figuren bereithalten, die Vorbild sein können, aber auch zu Identifikation bzw. Distanzierung anregen. So kann Spaß beim Lesen gefördert werden.

Die private Lektüre unterscheidet sich vom gemeinsamen Lesen im Klassenraum. Die Lehrkraft ist in die Auseinandersetzung mit dem Text einbezogen, von ihr gehen mehr oder weniger lenkende Impulse aus, die das Lesen im Unterricht und die Gespräche über das Gelesene steuern. Die Literaturdidaktik – und damit einhergehend Überlegungen zur Gestaltung des Literaturunterrichts – wird von der Rezeptionsästhetik entscheidend bestimmt, d.h. die Rolle des Lesers ist maßgeblich: Zwischen ihm und dem Text entsteht die Bedeutung desselben.

Der Verstehensprozess wird [also] aufgefasst als aktive Sinnzuweisung, als Interaktion zwischen Text und Leser (FD FRZ, 209).

Beim Lesen im Unterricht erfährt die Auswahl geeigneter Trainingsgegenstände eine besondere Bedeutung. Mögliche Aufgaben sollten in breiter Variation in den Verlauf der Stunden integriert werden. Textrezeption bzw. Textbesprechung können sich mit Textproduktion abwechseln, beide Aufgabentypen können auch kombiniert werden.

Informationsaufnahme, -verarbeitung und -bewertung im Rahmen der traditionellen Textanalyse (vgl. FD FRZ, 208) sind ebenso wichtig wie produktive bzw. kreative Verfahren im Umgang mit literarischen Texten. Wenn Schüler selbst literarische Texte, z.B. Gedichte, schreiben, ohne sich an vorab im Unterricht behandelten Texten zu orientieren, und das Thema frei bestimmen, stehen ihre Gedanken im Mittelpunkt der Stunde, weniger die Beschäftigung mit einem literarischen Werk. Dies ist im Rahmen des kreativen Schreibens nach Rattunde (vgl. Rattunde 1990, 4 sowie Thiele 2002-2003, 417) gegeben. Ein Ausgangstext wird transformiert, Thema und Textform sind in Anlehnung an das ausgewählte Beispiel festgelegt, die Schüler können sich auf diese Weise sprachlich und formal orientieren. Man kann diesen Schreibvorgang von der kreativen Rezeption von Texten unterscheiden, der noch weitere Aufgaben vor, während oder nach der Lektüre umfasst, die sich an Rattunde oder Greenwood orientieren und die vor allem neben der schriftlichen auch die mündliche Produktion einschließen. Es gibt jedoch Aufgaben, zum Beispiel das Schreiben eigenständiger Verse oder Fortsetzungen zu Geschichten bis hin zu Gedichten, Kurzgeschichten etc., bei deren Zuordnung klare Grenzen zwischen „kreativem Schreiben" und „kreativer Rezeption von Texten" nicht mehr zu ziehen sind.

Alle Trainingsgegenstände, textbesprechende und -gestaltende Produktionsformen, sollen eine Verbesserung der zielsprachlichen Kompetenz im mündlichen und schriftlichen Bereich leisten. Wie für alle Unterrichtssituationen gilt auch hier ein Dreischritt: Was passiert vor dem Kernthema, was passiert während der Beschäftigung damit und was danach. Angelehnt an Greenwood kann die folgende Auswahl von Ideen für eine „Vor-, Während- bzw. Nach-der-Lektüre-Phase" zusammengestellt werden:

Aufgaben vor der Lektüre

Sensibilisierung für das Thema

- mittels (Bild-)Impuls (Coververgleich, Fotos im Zusammenhang mit dem Text, aber auch im Kontrast zum Inhalt)
- Assoziationsketten zu einem Schlagwort, einer Schlagzeile aus dem Text
- durch eine Musikpräsentation, die spezifische Kontexte institutionell ins Gedächtnis der Schüler ruft
- durch einen audiovisuellen Impuls zum Thema
- durch Nennung des Titels oder durch die Präsentation der Kapitelüberschriften narrativer Texte (sofern vorhanden, ggf. in ungeordneter Reihenfolge) mit dem Ziel der Hypothesenbildung zum Inhalt
- mittels Aufforderung, Metaphern, Vergleiche, Allegorien zu einem Thema zu erfinden

Aufgaben während der Lektüre

Schriftlich oder mündlich mit dem und über den Text kommunizieren

- durch eine formale gattungsspezifische Analyse (sofern Kriterien bereits eingeführt sind)
- mithilfe von Bildern, die den Text illustrieren oder aber in deutlichem Kontrast zu ihm stehen
- indem eine Illustration zum Text selbst erstellt und diskutiert wird
- durch den Impuls, ungeordnete Textpassagen in eine sinnvolle Reihenfolge zu bringen − Abweichungen vom Original ermöglichen anschließend den Vergleich und die Diskussion darüber
- indem charakteristische Merkmale eines Texts, einer Gattung entdeckt und aufgelistet werden
- mithilfe der Präsentation des Figureninventars, flankiert durch Charakterisierungen derselben, auch mittels *Character posters* oder *Wanted*-Plakaten (vgl. Greenwood1998, 68 bzw. 92), die bis zum Ende der Lektüre modifiziert werden können
- mittels Standbild zum Beispiel das Gefühl einer Figur einfangen und darüber kommunizieren
- durch das Füllen von echten Leerstellen des Texts, aber auch von Lücken in einem Gedicht, die aus didaktisch-methodischen Gründen ausgespart wurden
- durch das Beenden von Texten
- durch das Verfassen von inneren Monologen, Tagebucheinträgen, von Briefen, die eine Figur oder das lyrische Ich schreiben könnten, oder durch das Erstellen von Horoskopen für Figuren
- durch die strukturierte Darstellung des Handlungsgerüsts, ggf. auch unter Zuhilfenahme einer geographischen Karte zur Kennzeichnung der Orte des Geschehens bzw. einer Zeitleiste, um die temporäre Zuordnung der Sequenzen zu erleichtern
- mittels Einrichtung eines Lesetagebuchs (Kombination der genannten Aufgaben, als Pflicht und Wahlpflichtoptionen für Schüler)

Aufgaben nach der Lektüre

Reflexion über den Text

- durch eine mündliche oder schriftliche Zusammenfassung, bei Bedarf mit Lerngruppen, die hier noch Trainingsbedarf haben, nachdem im Text entscheidende Aspekte farblich hervorgehoben wurden
- mittels Verschiebung der Erzählperspektive
- durch Nachdichtung bzw. Verfassen eines ähnlichen Märchens, Gedichts, einer vergleichbaren Geschichte etc.
- durch Transformation des Texts in eine andere Gattung, Textsorte oder literarische Kleinform
- durch die Redaktion einer Vorgeschichte
- mittels Fortsetzung des Texts
- durch das Erfinden eines neuen Titels, oder, sofern ein Titel vorenthalten werden konnte, durch die Festlegung eines solchen, der die Interpretation stützt
- durch eine Visualisierung des Inhalts, indem zum Beispiel Textpassagen auf charakteristische graphische Konturen gesetzt werden (ein Gedicht über Paris erscheint als Eiffelturm), ggf. auch als Comic oder Posterserie etc.
- durch eine Inszenierung des Texts als Theaterstück oder als Film
- durch Organisation einer Ausstellung zum Thema, ggf. mit Präsentation einiger Lesetagebücher

Die Vorschläge dienen dazu, verschiedene methodische Vorgehensweisen aufzuzeigen. Für jede Unterrichtssituation, für jedes Medium muss angepasst an die Zielgruppe eine Auswahl getroffen werden.

Um lexikalische und strukturelle bzw. grammatische Kompetenzen der Schüler bei der Textarbeit weiter auszubauen, sind Aufgaben dazu in breiter Variation unabdingbar: Die aus der Lehrwerkarbeit bekannten Übungsformen können adaptiert werden. Sollte es sich um Strukturübungen handeln, ist darauf zu achten, dass der lexikalische Schwerpunkt in enger Verbindung mit dem Text steht und grundsätzlich Kohärenz aufweist, möglichst im Rahmen einer kleinen Geschichte, in jedem Fall aber in einem thematischen Kontext[35].

Aufgaben

1. Diskutieren Sie in einer Kleingruppe, wann, in welcher Form oder ob überhaupt Informationen zum Autor des Texts, der gerade bearbeitet wird, sinnvoll in die Unterrichtsplanung zu integrieren sind.
2. Lesen Sie Jean Greenwoods *Classreaders*. Bereiten Sie fünf methodische Vorschläge der Autorin für kurze Präsentationen vor.
3. Lesen Sie Carmen Pastor Villalbas Beitrag *Evaluar la narración* in FSU Spa 22 (2008), Studierende der Zielsprachen Französisch und Italienisch lesen den Text als Vorbereitung auf Kapitel 6.2 und erstellen eine Liste zu wichtigen Fachtermini in Ihrer Zielsprache. Sie können Ihre interromanische Lesekompetenz auf diese Weise testen.
4. Wenn Sie Französisch studieren, lesen Sie Bernard Friots Beitrag in FSU Frz 113 (2011) 38-44: *Grammaire et poésie, sœurs (fausses) jumelles. Propositions d'écriture pour expériences langagières.*
5. Zur Vorbereitung der Kapitel 5.1.1 bis 5.1.8 sichten Sie folgende Zeitschriftenhefte: FSU Frz 44 (2000): *La nouvelle*, FSU Frz 71 (2004): *Poésie*, FSU Frz 72 (2004): *Schreiben*, FSU Frz 85 (2007): *A l'écoute de la littérature*, FSU Frz 93 (2008): *Schriebprozesse fördern – préparer, rédiger, corriger*, FSU Frz 99 (2009): Literatur: Wendepunkte, FSU Frz 113 (2011): *Bernard Friot, auteur pour la jeunesse*, FSU Spa 5 (2004): *Lesetechniken*, FSU Spa 18 (2007): *Theater*, FSU Spa 23 (2008): *Kinder- und Jugendliteratur*, FSU Spa 30 (2010): *Poesía*.

5.1.1 Kurzgeschichten

Das ZAbi schränkt die Auswahl an Zusatztexten für den Fremdsprachenunterricht ein. Die Lektüre eines weiteren Romans außerhalb des vorgegebenen Katalogs ist aus zeitlichen Gründen kaum mehr möglich. Umso sinnvoller scheint es, kürzere Texte – wie z.B. Kurzgeschichten, Märchen, Legenden, kurze lyrische Texte, Comics, Lieder oder Kurzfilme, um nur einige zu nennen – zum entsprechenden Thema in den Unterricht zu integrieren.

In der Erzählung *Ce jour-là* von Vercors stellt ein kleiner Junge auf einem Spaziergang mit dem Vater fest, dass dieser ihn kaum zu beachten scheint und übliche Rituale des Weges außer Acht lässt. Er beschwert sich außerdem nicht über das Schlurfen mit den Füßen, auch scheint die Landschaft diesmal dem Vater gleichgültig zu sein. Bei der Rückkehr bemerken beide das Fehlen der Geranie, die bei ihrem Aufbruch regelmäßig

---

[35] Vgl. Heidtke/Thiele/Söffker (2001). Dieses grammatische Übungsbuch illustriert die oben postulierten Vorgaben.

von der Mutter vor das Küchenfenster gestellt wird. Der Junge wird vom Vater daraufhin nicht nach Hause, sondern zur Nachbarin gebracht. Ein langes Gespräch der Erwachsenen im Flüsterton kann der Junge nicht verfolgen, die Nachbarin kümmert sich unter Tränen um ihn, nachdem der Vater die beiden verlassen hat. Erst am nächsten Tag ahnt der Sohn die voraussichtlich längere Abwesenheit der Eltern: Aus einem Gespräch der Nachbarin mit einer Frau geht hervor, dass sein Vater versuchen werde, die Mutter am Bahnhof wieder zu finden.

Um die Situuierung des Vercors-Texts im historischen Kontext zu erleichtern, kann bei Bedarf eine Zeichnung von Martine Mallet (vgl. Haberkern 2007, 84) ausgegeben werden, die einen älteren Mann zeigt, der schützend seine Arme um ein Kind legt. Beide befinden sich an Bahngleisen vor der Silhouette eines Konzentrationslagers. Die Verschleppung dorthin, Folter und Hinrichtung politischer Gegner ist für die im Unterricht eingesetzten Texte hinsichtlich der historischen Kontexte von Bedeutung und kann die geschichtliche Zuordnung des Geschehens erleichtern, den Kontext gewissermaßen institutionell ins Gedächtnis rufen.

In *Muy lejos de Madrid* von Jesús Fernández Santos geht es um das Schicksal einer spanischen Familie zu Beginn des Bürgerkrieges. Die Gefühlswelt eines Jungen steht im Mittelpunkt. Er erwacht nachts und ruft seine Mutter, da ihn u.a. laute Geräusche von Truppenbewegungen nicht schlafen lassen. Auf dem Rückweg aus einer Ferienkolonie ist die Familie vom Bürgerkrieg überrascht worden und befindet sich nun in der *zona nacional* im Norden Spaniens. Sie können die Frontlinie nicht passieren und sind mehrfach gezwungen, den Aufenthaltsort zu wechseln. Deshalb können sie auch nicht nach Madrid in der republikanischen Zone gelangen. Dort hält sich der Vater auf. Seine Besuchsversprechen zum Wochenende während der Ferien hat er, so wird man interpretieren müssen, aufgrund seiner politischen Aktivitäten nicht einhalten können. Diese These wird dadurch gestützt, dass die Mutter im zurückliegenden Urlaub weinend von einem Telefonat mit ihrem Mann zurückgekommen ist. Nachrichten auf dem Postweg hat sie ebenfalls nicht erhalten.

Der Sohn kann nicht nachvollziehen, warum andere Familien am Wochenende in der Sommerfrische Besuch aus Madrid empfangen haben. Er hat Angst, fühlt sich unsicher, Madrid und auch der Vater erscheinen ihm endlos weit entfernt. Zorn und Wut steigen in ihm auf.

Die detaillierte Erarbeitung der Kontexte − Frankreich während der *Occupation* bzw. Spanien im Bürgerkrieg − muss erfolgen, da aber zunächst die Besprechung der Gefühlswelt eines Kindes im Mittelpunkt stehen kann, das durch Krieg von einem Elternteil oder beiden Eltern getrennt leben muss, lassen sich folgende Begründungen für den Einsatz dieser beiden Texte festhalten[36]:

---

[36] Eine romanisch mehrsprachige Studierendengruppe kann sich interaktiv mit diesen Textbeispielen in einer Sitzung beschäftigen (vgl. Thiele 2010b, 121-133).

Was die Komplexität der sprachlichen Strukturen und den Wortschatz betrifft, sind beide Texte mit entsprechenden Didaktisierungen in Form von Vokabelhilfen in der gymnasialen Oberstufe durchaus einzusetzen. Ihr Empathiepotenzial ist nicht geschlechtsspezifisch, auch wenn die Protagonisten Jungen sind. Die Jugendlichen können sich hier in die Situation eines Kindes versetzen. Die Kriegssituation ist in der Regel nicht in ihrer Alltagswelt zu verorten, wenn man z.B. den Migrationshintergrund durch politische Verfolgung in der Lerngruppe ausschließen kann, die Trennung von Eltern bzw. einem Elternteil durch Umstände, die nicht persönlich beeinflusst werden können, ist allerdings durchaus denkbar.

Es bieten sich zudem zahlreiche Textproduktionsmöglichkeiten: Die Schüler werden im Anschluss an die Lektüre gebeten, entweder einen Tagebuch-Eintrag oder einen Brief an einen Freund zu schreiben, in denen die Jungen über ihre Situation und ihre Gefühle berichten. Es ist auch möglich, die Lektüre der Texte an geeigneter Stelle zu unterbrechen, das Ende vorzuenthalten und die Lerngruppe aufzufordern, den weiteren Verlauf der Geschichte zu notieren.

Die Kenntnis des historischen Kontexts dürfte bei der gewählten Aufgabe zunächst nicht von Bedeutung sein, da auch die beiden Jungen in dieser Situation nicht darüber verfügen. Die Frage danach drängt sich aber im Anschluss auf: Warum werden die Kinder von den Eltern bzw. vom Vater getrennt? Die Schüler können Hypothesen formulieren, wenn ihnen die historischen Kontexte bekannt sein sollten. Sie stellen fest, dass die exemplarisch dargestellte menschliche Situation in der Geschichte ihres Zielsprachenlandes eine Rolle spielt. Sie fassen ihr landeskundliches Wissen zusammen, können sich in Situationen einfühlen, durch diese Empathie Verhaltensmuster verstehen und über ihre eigene Situation und ihre Werthaltungen reflektieren, d.h. eine interkulturelle Kompetenz aufbauen, die ja ein wichtiges Ziel des Fremdsprachenunterrichts[37] ist.

Die vorgestellten textproduktionsorientierten Vorgehensweisen sind im Schulkontext in der Oberstufe durchaus möglich, aber eine sprachübergreifende Arbeit, also die Einbeziehung eines französischen Texts im Spanischunterricht dürfte sich schwierig gestalten, da häufig aus Gründen der gymnasialen Profilwahl nur eine romanische Sprache in der Sekundarstufe II intensiv betrieben werden kann.

Schüler der Oberstufe werden auch Schwierigkeiten haben, über den historischen Kontext zu sprechen, besonders wenn es um Kenntnisse in Bezug auf die spanische

---

[37] Sollten einzelne Schüler der Lerngruppe über Italienischkenntnisse verfügen, ist eine fächerübergreifende Integration des in Kapitel 5.1.7 besprochenen Pavese-Gedichts möglich. In einer weiteren Phase kann die Perspektive der Erwachsenen in der entsprechenden historischen Situation eingebracht werden. Nach der Besprechung des Gedichts könnte die Aufgabe der Schüler sein, die Unterhaltung der aufgebrachten Frau mit den Partisanen zu entwerfen, genauso wäre es möglich, im Anschluss an die Kurzgeschichte Vercors' ein Gespräch der Eltern am Bahnhof verfassen zu lassen oder das Telefonat der Fernández-Santos-Mutter' mit dem Ehemann, nach dem sie weinend zur Familie zurückkehrt.

Geschichte geht. Für die Schüler sind dann weiterführende Materialien, z.B. Sachtexte zum Bürgerkrieg, bereit zu halten.

Entscheidend ist, dass insbesondere die Auseinandersetzung mit der Gefühlswelt eines Kindes, das aufgrund politischer Umstände von den Eltern getrennt wird, den Schülern Anlass bietet, Position zu beziehen und zu bewerten, andere Verhaltensmuster zu tolerieren und erste Hürden zur Erlangung einer interkulturellen Kompetenz zu überwinden.

Ebenfalls wichtig ist, dass die Schüler, die sich während des Lesens in die Situation des Jungen hineinversetzt haben, vom Text ausgehend Fragen an die Geschichte richten und – auch mit Unterstützung der Lehrkraft – gezielt nach Informationen suchen. Dieses Vorgehen wäre auch hinsichtlich einer literaturwissenschaftspropädeutischen Arbeit von Interesse.

Aufgaben

1. Beschaffen Sie sich die Reclam-Ausgabe *Récits très courts* (2007), herausgegeben von Franz Rudolf Weller. Begründen Sie den Einsatz der Kurzgeschichten *La communication* (Jacques Sternberg), *Maman* (Bernard Friot) und *La décision* (Paul Fournel) nach den beschriebenen Kriterien. Äußern Sie sich darüber hinaus zum Layout der Didaktisierung, vor allem der Vokabelhilfen.
2. Wenn Sie Spanisch studieren, lesen Sie Horacio Quirogas *El almohadón de pluma*. Diskutieren Sie den Einsatz dieser Geschichte im FSU, lesen Sie dazu aus FSU Spa 17 (2007) den Beitrag *Poetisches Schreiben im Spanischunterricht* von Andrea Rössler. Bewerten Sie auch die Vokabelangaben zu diesem Text im Reclamheft *Cuentos latinoamericanos*, herausgegeben 2005 von Monika Ferraris.
3. Zur Geschichte *La noche de los feos* von Mario Benedetti finden Sie auf Youtube einen Kurzfilm[38]. Zur Vorbereitung auf Kapitel 5.1.4 überlegen und notieren Sie, wie die Geschichte (Ausgabe vgl. Aufgabe 2) in Verbindung mit dem Film in den Unterricht integriert werden könnte.
4. Sollten Sie Französisch und Spanisch studieren, lesen Sie neben der unter 2. genannten Quiroga-Geschichte *Les ennemis* von Jacques Sternberg (Ausgabe vgl. Aufgabe 1). Konzipieren Sie Aufgaben zu den Schlagworten „das Phantastische", „der Traum" sowie „die Realität".
5. Für Studierende des Faches Italienisch ist Aufgabe 1 mit Giovanni Guareschis *Scuola serale* durchzuführen. Zu den Vokabelhilfen lesen Sie auch die editorische Notiz auf Seite 197 des von Anna Campagna 2008 hearusgegebenen Reclamhefts *Don Camillo e Peppone – Racconti scelti*. Darüber hinaus wählen Sie eine *favola* aus Rodari, 2008 hrsg. von Michaela Banzhaf, und begründen den möglichen Einsatz im Italienischunterricht.

---

[38] http://www.youtube.com/watch?v=GB0rgNR5ri8.

6. Recherchieren Sie Definitionen für die „Kurzgeschichte". Konzipieren Sie ein Merkblatt zu den wichtigsten Eigenschaften dieser Gattung in Ihrer Zielsprache, das sie bei Bedarf zur Textanalyse im Unterricht einsetzen können.

5.1.2 Märchen, Sagen und Legenden

Märchen, Sagen und Legenden sind Schülern aus Kindertagen bekannt. Die intuitiv nachvollziehbaren Strukturmerkmale ermöglichen eine Unterscheidung dieser Textform von anderen Gattungen und werden das Verständnis der Texte erleichtern. Ein lerngruppenspezifischer Aspekt ist bei der Unterrichtsplanung allerdings zu berücksichtigen: Ihr Einsatz könnte dann weniger sinnvoll sein, wenn aus entwicklungspsychologischen Gründen Themen, die in erster Linie für Kinder vorgesehen zu sein scheinen, abgelehnt werden.

Für den Französischunterricht ist es denkbar, z.B. die französische Rotkäppchenversion *Le Petit Chaperon rouge* von Charles Perrault zu nutzen. Eine Illustration als stummer Bildimpuls[39] wird aufgrund des Bekanntheitsgrades Assoziationen auslösen und der Inhalt der Geschichte von den Schülern in der Regel wiedergegeben werden können, bevor im Anschluss mit dem Perrault-Text gearbeitet wird.

Legenden oder Sagen sind auch dann besonders gewinnbringend in den FSU zu integrieren, wenn sie regionalspezifische Elemente aufweisen, zum Beispiel die *Cuentos y leyendas del mundo de los indios*, erstmals herausgegeben 1997 unter dem Titel *Cómo se hizo la noche* von Fernando Lalana Lac. Wollte man z.B. Luis Sepúlvedas Roman[40] *Un viejo que leía novelas de amor* bearbeiten, könnte man zur Sensibilisierung der Schüler für die Natur im Amazonasgebiet die Legenden *Tres dientes*, *La esposa del jaguar* und *El jaguar y el zorro* vor der Romanlektüre bearbeiten und dabei das Bild auf dem Buchdeckel der Tusquets-Ausgabe einbinden.

Italianisten steht ein sehr empfehlenswerter didaktischer Apparat für die Märchenanalyse zur Verfügung. Die Ausgabe der *Fiabe italiane – raccolte e trascritte da Italo Calvino (I. Italia settentrionale)*, ab 1986 bei Einaudi von Ersilia Zamponi herausgegeben, bietet im Anhang Tafeln zum Ursprung des Märchens, zur Struktur, angelehnt an die strukturalistische Figuren-, Handlungs- bzw. Funktionsanalyse von Vladimir Propp[41], zu sprachlichen Besonderheiten und schließlich zur Textanalyse bis hin zur produktiven Textarbeit im Umgang mit Märchen. Ein Glossar schließt den Anhang ab.

---

[39] Eine geeignete Graphik von Gustave Doré findet sich auf
http://fr.wikisource.org/wiki/Le_Petit_Chaperon_rouge_(Perrault).

[40] Zu Sepúlvedas Roman, der außerdem verfilmt wurde, liegt eine empfehlenswerte Modellanalyse von Doris Lessig unter Mitarbeit von Hartmut Redmer vor.

[41] In diesem Zusammenhang bietet sich auch die Lektüre des 22. Kapitels *Le carte di Propp* in Gianni Rodaris *Grammatica della fantasia* an.

Die Einleitung der 1995er BIT-Ausgabe, herausgegeben von Angela Campana, zu ausgewählten Märchen Guido Gozzanos weist charakteristische Merkmale dieser Textsorte in markanter Formatierung aus: *mettersi per il mondo alla ventura – con la magia e la virtù – e vivere beati e contenti.*

Die folgenden Charakteristika finden sich in vielen Märchen und Legenden: Die Syntax der Texte ist oft überschaubar, zu Beginn findet sich häufig „Es war einmal…". Man entdeckt beim Lesen zahlreiche Anaphern, identische Satzanfänge. Bei der Beschreibung des Basisfigurenrepertoires kommen zahlreiche Komparative oder Superlative zum Einsatz. Es besteht häufig aus den Bösen, den Guten, die magische Kräfte verleihen, dem Helden, seinem Helfer, einer gesuchten Person, oft einer Prinzessin und einer Figur, die nur vorgibt, der Held zu sein.

Auch *Le bambole del Latemar* (Latemarpuppen) weisen verschiedene charakteristische Merkmale des Märchens auf, denn neben den genannten Figurentypen gibt es weitere, häufig wiederkehrende Strukturmerkmale: Eine Transformation findet statt: Puppen werden durch den Zauberspruch einer bösen Hexe in Steine verwandelt, der *malvagia strega dei Megoni*, auch *Tcicuta* genannt. Sie ist die Gegenspielerin des guten Alten, des Vönediger. Im Unterschied zu vielen Märchen, in denen Figuren nicht detailliert, sondern eher ungenau beschrieben und Ort und Zeit gar nicht genannt werden, gibt es hier detaillierte Angaben: Die Erzählung spielt am Karersee, am Fuße der Latemartürme, einer Gebirgskette in den Dolomiten. Die Hirtenkinder kommen aus Vallonga. Hier sind es keine Adligen, die Abenteuer erleben, sondern arme Bauernkinder, die das Vieh hüten. Sie treffen tagsüber einen alten Mann, der sein kostbares Messer sucht. Mineralien haben häufig eine zentrale Bedeutung: Das Messer ist mit kostbaren Edelsteinen besetzt. Auch die spätere Idee Mèneges, Puppen mit kostbaren perlenbestickten Seidenkleidern besitzen zu wollen, passt in diesen Kontext.

Es gelingt den Kindern schließlich, die an sie gestellte Aufgabe zu lösen: Beim Abstieg finden sie das kostbare Messer und Mènege, die es noch einmal bergauf zum Alten zurückträgt, hat die Chance, eine Belohnung zu erhalten. Sie wünscht sich eine Puppe, er verspricht ihr eine ganze Schar.

Das Schicksal jedoch verhindert ein glückliches Ende. Das Hirtenmädchen merkt nicht, dass die schöne Frau, die sie beim Abstieg treffen, in Wirklichkeit die gemeine Hexe ist. Diese überredet sie zu einem Zauberspruch, der ihr die genannten kostbaren Puppen bescheren soll. Es kommt, wie zu erwarten war: Der intensive Wunsch nach kostbaren Puppen – hier stellvertretend für die Gier nach übermäßigem Wohlstand – verhindert eine Belohnung. Am Ende hat Mènege gar keine Puppen: Diese sind zu Stein geworden und bilden die Kette der Latemartürme.

Bei einer Textanalyse könnten die genannten charakteristischen Merkmale im Text lokalisiert und aufgelistet werden. Das fehlende Happyend und die Tatsache, dass die Armen nicht gewinnen, verknüpft mit der Moral der Geschichte, können diskutiert werden.

Im Rahmen der Textproduktion bieten sich Fragen an wie *Come spiega il racconto il fatto che gli abitanti del luogo chiamano una fila di rocce «Processione delle bambole»?* bzw. *Qual è la morale di questo racconto?* Der Lerngruppe kann das Textende vorenthalten werden. Es stellt sich nach der Lektüre bis zu dem Punkt, an dem Mènege die wunderschöne Frau trifft und mit ihr über die Puppen spricht, die Frage, wie sich das Mädchen sich nach der Empfehlung der Frau verhält. Wird sie den Zauberspruch aufsagen, wenn sie den Alten wieder trifft? Was wird passieren? Die Schüler können den Text zu Ende schreiben.

Im Rahmen der Literaturarbeit muss darüber hinaus auch Spracharbeit geleistet werden. Märchen und Legenden bieten sich an, um die Verwendung verschiedener Tempora, vor allem den Aspekt der Vergangenheit zu trainieren. Zu den „Latemarpuppen” kann man nach einer Wiederholung des Themas *passato remoto* die Aufgaben[42] im Anschluss durchführen: *Leggete il conto e sottolineate le forme del passato remoto e cercate gli infiniti. Poi mettete le forme corrispondenti del passato prossimo:*

Le bambole del Latemar

In Alto Adige, di fronte al Catinaccio, si trova il Latemar, un gruppo di montagne che si specchia in un piccolo lago, il lago di Carezza. Su una cresta di questa montagna si vede una fila di sassi. Gli altoatesini della zona la chiamano «le bambole del Latemar». Dietro c'è una vecchia leggenda:

Sotto il Latemar, al bordo di un bosco di larici[1], sedevano due pastorelli[2], Mènege e suo fratello, che guardavano il tramonto. Ad un tratto apparve un uomo molto vecchio che indossava[3] abiti molto belli e preziosi, si muoveva lentamente perché cercava qualcosa per terra.

Quando vide fratello e sorella si rivolse a loro per chiedere se per caso avevano trovato il suo coltello. Gli risposero: «No, non l'abbiamo visto. Abbiamo trovato solamente mirtilli[4] e funghi porcini. Se vuoi, possiamo aiutarti a cercarlo.»

A poco a poco diventava buio e dalla valle di Fassa si sentivano le campane[5]. I pastorelli dovevano riunire le mucche e le pecore per farle scendere a valle. Allora salutarono l'anziano che se ne andò verso la Cima di Valsorda, una cima del Latemar.

---

[42] Vgl. Heidtke/Söffker/Thiele 2001; die Texte sind adaptiert nach Dal Lago, Brunamaria (1989, ed.): *Le Fiabe dell'Alto Adige*. Die Lösungen zu den Aufgaben finden sich ebenfalls im angegebenen grammatischen Übungsheft. Im Materialanhang (Kapitel 7) dieser Einführung kann ein Grammatikmerkblatt eingesehen werden, das wesentliche Aspekte in stark reduzierter Form zum *passato remoto* zusammenfasst und als Vorlage für ein mögliches Tafelbild dienen kann. Weitere Lerngrammatikmerkblätter bietet der Button „Zusatzmaterialien" zu diesem Arbeitsheft, den Sie auf der Verlagshomepage finden.

Scendendo Mènege, la bambina più grande, vide qualcosa che luccicava[6] in un cespuglio[7] di fragoline di bosco. Raccolse un coltello finemente lavorato con pietre rosse e verdi molto preziose che scintillavano[8] al sole della sera. Allora Mènege disse al fratello che voleva prendere il coltello e tentare di raggiungere il vecchio per darglielo e che lui intanto doveva spingere le bestie a valle.

Sotto le pareti ripide[9] del Latemar incontrò finalmente il vecchio che si rallegrò molto di ricevere il suo coltello. Voleva regalare qualcosa a Mènege per il suo gesto onesto. La ragazza desiderava una bambola per giocare durante le noiose ore del pascolo[10]. Il vecchio le offrì tutta una schiera[11] di bambole. Inoltre le consigliò di andare in fretta a valle per evitare di incontrare la malvagia strega dei Megoni chiamata Cicuta. Mènege lo ringraziò e corse verso Chiusel per raggiungere Vallonga dove abitava.

Vicino ad un torrente sedeva una donna molto bella con i capelli lunghi e due occhi brillanti come le stelle. La ragazza voleva andare avanti, ma la donna la fermò e le rivolse la parola. Fra l'altro raccontò a Mènege che conosceva il vecchio che secondo lei era un uomo molto avaro[12]. Non le avrebbe dato mai le sue bambole con i vestiti di perle, di seta e di velluto, ma solo una vestita da contadina come lei. Quando l'avrebbe incontrato l'indomani, avrebbe dovuto dirgli: «Voi bambole di pietra con gli stracci[13] addosso statevene sul Latemar!» Così il vecchio avarone sarebbe stato costretto a regalarle le più belle.

Mènege preferiva naturalmente le bambole preziose, anche se le avevano insegnato ad essere riconoscente d'ogni dono. Tutta la notte non poteva dormire e sognava le bambole d'oro.

Il giorno successivo i due ragazzi spinsero il bestiame fino al prato dove avevano incontrato il vecchio e l'attendevano. Mènege ripeteva il versetto della donna sconosciuta per non dimenticarlo. Ad un tratto scesero bambole con vestiti di mille colori diversi dalle cime del Latemar. Come la donna le aveva detto nessuna indossava vestiti di seta, d'oro o di velluto. Mènege si alzò e recitò la formula magica: «Voi bambole di pietra con gli stracci addosso statevene sul Latemar!»

Con uno schianto[14] e un fischio le bambole volarono verso il cielo e si appoggiarono sulla cresta della montagna in una schiera di piccole figure di pietra che la sera si tingono[15] dei mille colori diversi del tramonto.

[1] il larice – Lärche, [2] un pastorello – Hirtenjunge, [3] indossare – tragen, [4] il mirtillo – Heidelbeere, [5] la campana – Glocke, [6] luccicare – leucite, [7] il cespuglio – Busch, Strauch, [8] scintillare – funkeln, [9] ripido –steil, [10] il pascolo – Weide(zeit), [11] la schiera – Schar, Menge, [12] avaro – geizig, [13] lo straccio – Lumpen, [14] lo schianto – Krach, Knall, [15] tingersi – sich färben.

Alternativ kann zur Strukturwiederholung bzw. -festigung ein Lückentext angeboten werden: *Mettete la forma corretta dei verbi*:

La Marmolada

Tanto tempo fa la Marmolada, un ghiacciaio[1] nelle Dolomiti, _____ (essere) piena di boschi e di prati. _____ (essere) il 5 agosto, il giorno della Madonna della Neve, e la gente _____ (scendere) dalle malghe[2] alte della Marmolada per _____ (seguire) una processione nell'Alta Val di Fassa.

Mentre i contadini _____ (guardare) il fieno[3] che _____ (tagliare) e che _____ ancora _____ (dovere seccare) sul prato ad un tratto il cielo _____ (rannuvolarsi). Una vecchia donna molto avara però _____ (rimanere) sull'alpe a _____ (rastrellare[4]) il suo fieno e a _____ (portare, lo) nel fienile[5], che ancora oggi in Fassa _____ (chiamarsi) «tabià».

Tutti i contadini che _____ (passare) di lì _____ (ricordare, le) che _____ (essere) ora di _____ (scendere) in paese per la processione, ma la vecchia _____ (rispondere) sempre di nuovo:

> Madonna della Neve di qua
> Madonna della Neve di là
> io _____ (portarsi) il fieno nel «tabià»
> e gli altri _____ (lasciare, lo) sul «prà[6]».

Appena _____ (finire) di dire queste brutte parole _____ (farsi) buio e poi _____ (cominciare) a _____ (nevicare) giorno e notte, e non _____ (sapere) per quanti anni.

Così la vecchia, i prati, i «tabià» e le rocce _____ (essere sepolto[7]) dal ghiaccio e dalla neve – la montagna Marmolada _____ (prendere) l'aspetto che _____ (avere) adesso.

[1] il ghiacciaio – der Gletscher, [2] la malga – die Alm, [3] il fieno – das Heu, [4] rastrellare – zusammenharken, [5] il fienile – il posto dove si conserva il fieno seccato, [6] il prà = il prato, [7] sepolto – participio di seppellire: begraben

Aufgaben

1. Beschaffen Sie sich eine Aufnahme des bekannten musikalischen Märchens „Peter und der Wolf" von Sergej Prokofjew in Ihrer Zielsprache. Verschriftlichen Sie den Text, so dass er auch für Hörverstehenstrainingseinheiten zur Verfügung steht. Konzipieren Sie zunächst zwei Aufgaben zur schriftlichen Textproduktion, im Anschluss daran zwei im Rahmen der Spracharbeit. Auf Youtube finden Sie interessante Musikvideos, auch als Zeichentrickfilm, zu *Pierre et le loup, Pierino e il lupo* bzw. *Pedro y el lobo*[43].
2. Konzipieren Sie zu einem Märchen Ihrer Wahl eine Zuordnungsübung von Antonymen, die im Text vorkommen, sowie eine gelenkte Textproduktionsaufgabe im grammatischen Bereich, bei der Sie den Bedingungssatz vorgeben, der beendet werden muss. Auch in diesem Fall sollen sich die Aufgaben inhaltlich auf Ihren gewählten Märchentext beziehen.

5.1.3 Exemplarische Unterrichtsplanung: Guy de Maupassants Novelle *Boule de suif*

Im Rahmen der französischen Literatur des 19. Jahrhunderts kann mit der Novelle *Boule de suif* von Guy de Maupassant[44] im Oberstufenunterricht in Kursen auf grundlegendem oder erhöhtem Niveau, die bereits Erfahrungen mit der Textarbeit gesammelt haben, gearbeitet werden.

Die Novelle thematisiert allgemeine Fragen zur Moral, die auch heute aktuell sind: Legitimation des Krieges und der Gewalt, die persönliche Einstellung zum Herkunftsbzw. Vaterland, Beziehungen zwischen Moral und Gesellschaft, Moral und Instinkten. Insofern bietet sie den Schülern Anlass, Position zu beziehen, zu bewerten.

Die Beschäftigung mit dem Text trägt verschiedenen allgemeinen Lehr- und Lernzielen sowie den kommunikativen, interkulturellen, sozialen und instrumentell-methodischen Kompetenzen Rechnung: In den Oberstufenkursen müssen sich Schüler damit beschäftigen, schwierige bzw. verschlüsselte Textpassagen zu erarbeiten. Bei der Analyse dieses anspruchsvollen Werks werden die sprachlichen Fähigkeiten der Schüler trainiert und erweitert: Z.B. kann das Leseverstehen besonders geschult oder mit produktiven Aufgabentypen die Schreibfertigkeit weiterentwickelt werden. Es ist möglich, die Techniken der Textanalyse und -interpretation zu üben. So kann sukzessive eine Methodenkompetenz aufgebaut werden, die es Schülern ermöglicht, selbständig literarische Texte zu analysieren. Es ist denkbar, Möglichkeiten und Grenzen verschiedener Methoden einzuordnen.

Mit *Boule de suif* kann bei der Behandlung des deutsch-französischen Krieges 1870/71 in stärkerem Maße die historische Dimension miteinbezogen werden. Die Dar-

---

[43] Vgl. http://www.youtube.com/watch?v=rf42WhSYVH8.
[44] Vgl. die Angaben zu den beiden Klett-Materialien von Nicole und Norbert Maritzen (Stuttgart: Klett, 1991).

stellung einer den Schülern fremden Welt einer anderen Epoche kann Interesse wecken und zur selbständigen Beschäftigung mit Literatur motivieren.

Stark kontrastive soziale und ethische Normen, die dieser Text vorhält, können von Schülern herausgearbeitet und diskutiert werden. Die dargestellte Situationen und das Verhalten einzelner Figuren bieten positives bzw. negatives Identifikationspotenzial, die Schüler können bei der Beschäftigung mit dem Text das eigene Selbstverständnis entwickeln, sie lernen, Position zu beziehen, zu bewerten.

An dieser Stelle soll exemplarisch die Textpassage 13/18[45] bis 17/34 für den Unterricht aufbereitet werden, denn die zentralen Figuren treten hier zum ersten Mal auf. Der Erzähler beginnt mit der Vorstellung dreier Ehepaare, dabei jeweils mit dem Ehemann. Diese gehören der Bourgeoisie bzw. dem Adel an. Im Folgenden werden die beiden Ordensschwestern vorgestellt, die sich die Bank mit den drei bereits genannten Damen teilen, im Anschluss daran der Demokrat Cornudet, zum Schluss die Protagonistin, Boule de suif.

Die Plätze, die Cornudet – von den Vertretern der bürgerlichen Gesellschaft bzw. des Adels und der Kirche als gefährlicher Revolutionär eingestuft – und die Prostituierte Boule de suif einnehmen, sind bedeutungsvoll, da sie sich zum einen außen am Rand der Sitzbank, zum anderen frontal gegenüber den Nonnen und den drei Ehefrauen befinden. Um diese Einführung der zentralen Figuren abzuschließen, gruppiert der Erzähler noch einmal die Damen, dann die Herren der „ehrenwerten" Gesellschaft und unterstreicht auf diese Weise die Elemente, die sie verbinden: Moral und Geld. Man kann bezüglich der Sitzordnung in der Reisekutsche von einer Darstellung sozialer Schichten der französischen Gesellschaft der zweiten Hälfte des 19. Jahrhunderts *en miniature* sprechen. Die Herren der ehrenwerten, bürgerlichen Schicht bzw. des Adels befinden sich hinten: auf den besten Plätzen. Der Demokrat und die Prostituierte sitzen außen am Rand (also außerhalb, am Rand der Gesellschaft) und gegenüber den Ordensschwestern. Die Damen des Adels bzw. der Bourgeoisie befinden sich auf einer Bank mit den Kirchenvertreterinnen: Sie verbindet demnach Moral, Anstand und Religion.

Die Beschreibung der Reisenden in der Kutsche besteht aus einzelnen kleinen Porträts innerhalb des oben beschriebenen Rahmens. Sie setzt sich jeweils aus unterschiedlichen Elementen zusammen: soziale Herkunft, persönliche Lebensgeschichte, politische Meinung bzw. Aktivität, Aussehen wie Charaktereigenschaften. Nicht zufällig wird das Aussehen von Boule de suif sehr präzise beschrieben, das der Ehefrauen jedoch nur kurz skizziert. Die Herren werden hauptsächlich durch Angaben zur Herkunft, zur sozialen Situation und zur politischen Position charakterisiert.

Die Wortspiele bzw. Anspielungen der Passage zu den Figuren sind nicht nur für die Interpretation dieser Textstelle, sondern für die Deutung der gesamten Novelle relevant: Bei dem Wortspiel *Loiseau vole* liegt Polysemie vor. Im Rahmen des Kinderspiels „Alle

---

[45] Diese Angaben beziehen auf die Seite und die Zeile, hier Seite 13, Zeile 18.

Vöglein fliegen hoch" bedeutet *l'oiseau vole* „der Vogel fliegt", *voler* bedeutet aber auch stehlen (*Loiseua vole* = Loiseau stiehlt) und spielt so auf ein möglicherweise gestohlenes Vermögen des „ehrenwerten" Bürgers Loiseau an.

Mme Carré-Lamadon [...] demeurait la consolation des officiers de bonne famille envoyés à Rouen en garnison (Maupassant, zitiert nach Maritzen 1991: 14). Die hübsche Mme Carré-Lamadon gefällt den Offizieren, die sich in der Provinz langweilen. Diese hat sie sicherlich zu gesellschaftlichen Zusammenkünften eingeladen. Viele dieser Offiziere machen ihr den Hof, vielleicht hat sie mit dem einen oder anderen ein Verhältnis gehabt. Die ungenaue Formulierung spielt darauf an bzw. schließt diese Möglichkeit nicht aus.

Eine weitere Anspielung, die *légende glorieuse* der de Bréville, bietet folgende Deutungsmöglichkeiten: Aus der Verbindung einer Dame aus dem Hause de Bréville und dem König Henri IV. ist ein uneheliches Kind hervorgegangen. Für den Betrug der Ehefrau erhielt der Mann die Titel „Graf" und „Gouverneur". Die Zugehörigkeit zum Adel verdankt die Familie also der Untreue einer Vorfahrin. Die Familie ist stolz auf einen Umstand, den sie normalerweise im Rahmen ihrer Moralvorstellungen missbilligt.

Die Heirat von M. und Mme de Bréville ist aufgrund der unterschiedlichen sozialen Herkunft ungewöhnlich. Eheschließungen zwischen dem reichen Adel und dem Mittelstand waren nicht üblich. Der Graf war evtl. wegen einer vorehelichen Verbindung mit seiner zukünftigen Frau „gezwungen", Mme de Bréville zu heiraten.

Diese zentrale Textpassage stellt ganz besonders egoistische Motive und die Verlogenheit der „ehrenwerten" Bürger Rouens heraus, die im weiteren Verlauf unterstrichen werden und schließlich zur Hauptaussage der Novelle führen: Eine Gruppe zufällig zusammengekommener Bürger aus Rouen, die ihre Geschäfte in Le Havre regeln und ihr Vermögen in Sicherheit bringen wollen, wird die Weiterreise nach Dieppe von einem preußischen Offizier nur dann gestattet, wenn die Mitreisende Boule de suif als Prostituierte ihm ihre Dienste kostenlos zur Verfügung stellt. Sie lehnt dies aus patriotischen Gründen ab, die „ehrenwerten" Bürger mit „Prinzipien" und „gefestigten Moralvorstellungen" jedoch erpressen sie nach und nach aus egoistischen Motiven, sich dem Offizier hinzugeben.

Aus der Sachanalyse geht hervor, dass bei diesem z.T. sehr verschlüsselten Text zahlreiche Aspekte die Interpretation stützen, die es wert wären, detailliert behandelt zu werden. In einer Unterrichtsstunde ist es jedoch sinnvoll, sich auf die Sitzordnung in der Reisekutsche und auf die genaue Analyse der drei Ehepaare zu beschränken.

Diese Schwerpunkte ermöglichen, die Hauptaussage des Texts herauszuarbeiten. Die Schüler können zum einen nachvollziehen, dass in der Reisekutsche verschiedene Vertreter der französischen Gesellschaft nicht zufällig nebeneinander sitzen, sondern dass die Sitzordnung wichtige Strukturen eben dieser Gesellschaft widerspiegelt. Zum anderen wird mithilfe der genauen Textanalyse der Passagen, die die drei Ehepaare beschreiben, deutlich, dass diese einflussreiche Schicht, die ohne Arbeit von ihrem geerbten Vermögen lebt, ehrenwerte Prinzipien bezüglich Ethik und Moral nur vorgibt.

Diese Verlogenheit der bürgerlichen Gesellschaft wird bei der Analyse der drei genannten stilistisch-rhetorischen Besonderheiten deutlich. Bei diesen sprachlich verschlüsselten, mehrdeutigen Stellen sind Zugangsschwierigkeiten seitens der Schüler zu erwarten. Aus zeitökonomischen Gründen kann es exemplarisch genügen, z.B. den „stehlenden Loiseau" oder die zweideutigen Verbindungen von Mme Carré-Lamadon zu untersuchen, da diese Eigenschaften im krassen Gegensatz zu denen *des honnêtes gens autorisés qui ont de la Religion et des Principes*[46] stehen. Man kann also an einem oder zwei Beispielen die Verlogenheit dieser Gesellschaftsschicht herausarbeiten.

Die genaue, ebenfalls sehr wichtige Analyse der Kirchenvertreterinnen, Cornudets und der Prostituierten Boule de suif muss in der Folgestunde geleistet werden. Für eine erste Interpretation der Figurenkonstellation genügt es, deren soziale Zugehörigkeit zu kennen. Auch mit diesen knappen Informationen zu den genannten Figuren kann das Gesellschaftsporträt innerhalb der Kutsche erarbeitet werden.

Hauptziel ist Interpretationskompetenz der Schüler hinsichtlich der wesentlichen Informationen zu den Figuren M. und Mme Loiseau, M. und Mme Carré-Lamadon sowie *comte* und *comtesse* Hubert de Bréville. Die Schüler sollen darüber hinaus im Rahmen der Methodenkompetenz angemessene Schritte zur Beschreibung und Analyse literarischer Figuren selbst vorgeben und dabei erkennen können, dass räumliche Kompositionen im engeren Sinne in einem literarischen Text nicht zufällig sind und entscheidend zur Gesamtaussage beitragen. Sie erweitern ihre kommunikative Kompetenz im Bereich mündlicher Sprachproduktion durch die korrekte Anwendung des neu erlernten Vokabulars in Verbindung mit komplexen metasprachlichen Strukturen. Soziale Kompetenzen werden in der Gruppenarbeit trainiert.

Eine mögliche Hausaufgabe zu der beschriebenen Stunde könnte lauten: *Lisez le passage pg. 13/18 à pg. 17/34 et indiquez par un schéma les places occupées dans la diligence par les personnages présentés. Quelles informations considérez-vous comme importantes pour une anlyse détaillée du passage pg. 13/18 à 15/26? Quel est le sujet central de cette partie du texte? Marquez les phrases importantes dans le texte et prenez des notes!*

Die Hausaufgabe hat stundenentlastenden, vorbereitenden Charakter und soll eine zügige Erarbeitung der Personencharakterisierung ermöglichen. Der zweite Teil der Aufgabe soll das Leseverhalten im Hinblick auf eine Textanalyse schulen. Mithilfe dieser Vorüberlegungen können die Schüler selbst in der Stunde die wichtigen Schritte im Rahmen der Texterarbeitung festlegen. Im weitern Verlauf der Reihe sollen die Schüler immer selbständiger Interpretationen vornehmen können.

Für den geplanten Stundenverlauf ergibt sich folgende Übersicht:

---

[46] Vgl. 15/25f. Die Großbuchstaben unterstreichen hier den Gegensatz und unterstützen das ironische Figurenporträt.

Zeit	Unterrichtsphasen	Unterrichtsform	Medien
Lernschritt (1) 07 min	Einstieg: Einordnung der Textstelle, „Sitzordnung" in der Kutsche	Unterrichtsgespräch, Schülervortrag	Folie, Tafel, Text, schriftliche Hausaufgabe
Lernschritt (2) 10 min	Erarbeitungsphase: Charakterisierung der drei Ehepaare	Unterrichtsgespräch, Gruppenarbeit	Folie, Text
Lernschritt (3) 13 min	Sicherungsphase: Sammlung/Resümee der Ergebnisse	Unterrichtsgespräch, Schülervortrag	Folie
Lernschritt (4) 14 min	Interpretationsphase: Interpretation der Gruppenergebnisse	Unterrichtsgespräch, Schülervortrag	Tafel, Folie, Text
Lernschritt (5) 01 min	Stellen der Haus- aufgabe	Lehrervortrag	

Die Stunde besteht neben dem Einstieg aus einer Erarbeitungs-, einer Ergebnissiche-rungs- und einer Interpretationsphase. In der Erarbeitungsphase werden die nötigen Informationen bereitgestellt, die die Interpretation und den Bezug auf bereits in zurück-liegenden Stunden erarbeitete Ergebnisse ermöglichen.

Sprachliche Schwierigkeiten werden in dieser Stunde dann erörtert, wenn sie auftre-ten und das Textverständnis erschweren. Schwerpunkte der Vokabelarbeit werden sich voraussichtlich in den Lernschritten 3 und 4 ergeben.

Lernschritt 1: Eine Abbildung einer Reisekutsche (Folie[47]) aus dem Jahre 1870 soll den Schülern den Wiedereinstieg in die Novelle und die Einordnung der in der Lehrpro-benstunde zu analysierenden Textstelle erleichtern. Bereits gelerntes Wissen zu Motiven der Reisegruppe in der Kutsche kann hier wiederholt werden. Der Einstieg dient gleich-zeitig der Überprüfung des ersten Teils der Hausaufgabe. Die Sitzordnung in der Kut-

---

[47] In Li-Ans *bande dessinée* zu Boule de suif finden sich z.B. auf den Seiten 8, 15 oder 19f geeignete Abbildungen, die in dieser Stunde verwendet werden könnten.

sche kann von einem Schüler an der Tafel vorgestellt werden. Die genaue Interpretation dieser Ordnung wird in einem späteren Schritt (LS 4) geleistet. An dieser Stelle geht es um die Aufzählung der wichtigen Figuren, die zu LS 2 überleitet.

Lernschritt 2: Die Schüler legen nun selbst fest, welche Aspekte der Textpassage (13/18-15/26) zu interpretieren sind. Sie entwickeln durch die Fragestellung in der Hausaufgabe (Teil 2) Methodenbewusstsein und sind nach und nach selbständig in der Lage, eine Analyse literarischer Figuren sinnvoll anzugehen. Um eine korrekte Textanalyse zu schulen, müssen jeweils die Textbelege für bestimmte Aussagen oder Informationen mitgeliefert werden. Die detaillierte Analyse der Figuren erfolgt aus zeitökonomischen Gründen arbeitsteilig in Form einer Gruppenarbeit. Drei Gruppen beschäftigen sich jeweils mit einem Ehepaar. Die Gruppenergebnisse werden auf OHP-Folienstreifen notiert, die nachher zusammengelegt ein übersichtliches Interpretationsgitter ergeben. Der Einsatz von Folienstreifen trägt zusätzlich zur zügigen Abwicklung dieser Phase bei, er verhindert darüber hinaus ein unübersichtliches Tafelbild, das sich ergeben könnte, wenn drei Schüler parallel ihre Ergebnisse an der Tafel notieren.

Lernschritt 3: Jede Gruppe präsentiert und kommentiert im Anschluss an die Gruppenarbeit ihr Ergebnis. Hier können auch Schüler beteiligt werden, die bisher zurückhaltend waren, weil ihnen spontane Äußerungen nicht liegen und sie erst eine Bedenkzeit benötigen. Um zügig zur Interpretation überzugehen, müssen die Schüler das Gitter in der Stunde nicht mitschreiben, es wird nach der anschließenden Pause in Kopie zur Verfügung gestellt.

Lernschritt 4: Der Sammel- bzw. Erarbeitungsphase folgt die Interpretation. Die Ergebnisse werden in Stichpunkten an der Tafel festgehalten. Zentrale Vokabeln werden zusätzlich auf der rechten Tafelhälfte gesichert, um die Erweiterung des Wortschatzes zu gewährleisten.

Im Rahmen dieses Lernschritts wird die Sitzordnung in der Kutsche (vgl. LS 1) erneut herangezogen und detailliert analysiert. Die Herausarbeitung gesellschaftlicher Gruppen bzw. Randgruppen ist wichtig, um den zweiten Schritt der Interpretation zu leisten. Dazu werden je nach Zeit zwei oder drei, mindestens aber eine der genannten Anspielungen auf die Verlogenheit der „ehrenwerten" Gesellschaft interpretiert. Wesentliche Aussagen werden zum Schluss an der Tafel unterstrichen, damit die Schüler mithilfe dieser optischen Unterstützung die Interpretation abschließend zusammenfassen können.

Wenn es sich bei dieser Stunde um die erste Hälfte einer Doppelstunde handelt, entfällt eine Hausaufgabe. Eine mögliche Hausaufgabe wäre: *Lisez encore une fois les paragraphes suivants (15/27 à 17/34), la fin de la présentation des voyageurs, et complétez la grille des personnages avec les religieuses, Cornudet et Boule de suif.* Dieser Impuls kann auch als Einstieg in die zweite Doppelstunde genutzt werden.

Die Hausaufgabe (oder auch der Einstiegsimpuls) hätte stundenentlastenden, vorbereitenden Charakter und würde eine zügige Erarbeitung der Personencharakterisierung und die abschließende Interpretation zur Figurenkonstellation ermöglichen.

Aufgaben

1. Entwerfen Sie ein Tafelbild angelehnt an die exemplarisch beschriebene Unterrichtssituation.
2. Planen Sie im Detail eine Folgestunde zur Figurenanalyse hinsichtlich der Ordensschwestern, Cornudets und der Prostituierten Boule de suif. Orientieren Sie sich an dem Unterrichtsentwurf dieses Kapitels. Integrieren Sie dabei die *bande dessinée «Boule de Suif»* des Zeichners Li-An.
3. Überlegen Sie, wie Rimbauds Sonett *Le dormeur du val* mit der vorgestellten Novelle im Unterricht verbunden werden kann. Entwerfen Sie einen kurzen Verlaufsplan in Stichworten zu der Stunde, in der das Gedicht bearbeitet wird, und begründen Sie die gewählten methodischen Vorgehensweisen. Bei der Text- bzw. Sachanalyse kann die *Einführung in die französische Literaturwissenschaft* von Thomas Klinkert[48] helfen.

5.1.4 Dramatische Texte, Drehbücher und Filme

Dramatische Texte, Drehbücher und Filme haben Gemeinsamkeiten: Ein entscheidendes Kriterium ist der Dialog. Die Aufführung eines Theaterstücks, aber auch Filme unterschiedlichen Typs (Werbung, Videoclips oder Kurzfilme) bieten sich an, um das Hör-Seh-Verstehen und die kommunikative Kompetenz im Allgemeinen zu schulen. Dies sollte so früh wie möglich geschehen, am besten bereits im ersten Lernjahr (vgl. FD FRZ, 227). Grundsätzlich sind Schüler gerade gegenüber dem Medium Film positiv eingestellt, was die Motivation zur Beschäftigung auch im Unterricht mit diesem Genre fördern kann. Medienerziehung lässt sich hier anschließen.

Grundsätzlich lassen sich auch bei diesen Texten im Sinne des erweiterten Textbegriffs methodische Schritte wieder in Phasen vor, während und nach der Auf- bzw. Vorführung einteilen.

Für die Arbeit mit den Textvorlagen können die Ideen aus Kapitel 5.1 adaptiert werden. Die Dialogspezifik der literarischen Texte legt u.a. ein Nachspielen, ggf. sogar das „Nachdrehen" einzelner Szenen nahe. Fächerübergreifend mit dem Fach Kunst können Schüler Requisiten herstellen. Als produktive Textsortentransformationsaufgabe können die Originaltexte in erzählende Formen überführt werden.

Für die Aufführungs- bzw. Filmanalyse ist fachsprachliches Vokabular in angemessenem Umfang bereitzustellen. Danach kann im Bereich der audiovisuellen technischen Medien die Stummfilmvariante dazu dienen, die Aufmerksamkeit z.B. auf Kameraein-

---

[48] Vgl. Klinkert 2000, 181ff.

stellungen zu lenken und deren Wirkung zu beschreiben. Fokussiert man nur die Hörspur, können spezielle akustische Effekte herausgegriffen werden, bevor das Zusammenwirken der auditiven und visuellen Reize analysiert wird. Vor dem Einsatz der Textvisualisierung muss eine Entscheidung getroffen werden, ob überhaupt und in welcher Form das häufig, aber nicht zwangsläufig[49] vorliegende Textmedium mit dem visuellen kombiniert werden soll.

Das sequenzielle Verfahren, bei dem der Film in mehreren Abschnitten vorgeführt und ggf. mit Texterarbeitung kombiniert wird, hat den Vorteil, dass die präsentierten Szenen aufmerksam verfolgt werden können. Die Pausentaste ermöglicht auch hier die Anpassung der Hör-Seh-Verstehensaufgabe an das Lerntempo der Schüler. Nach einer Unterrichtseinheit sollte der ganze Film noch einmal im sogenannten Blockverfahren angesehen werden, damit er als Gesamtwerk wirken kann.

> Doch darf nicht aus dem Blick geraten, dass **Filmemacher stets ihren eigenen künstlerischen Intentionen folgen** und dass es – man denke an Kameraoptik und Montageschnitt – nicht ohne strukturbedingte Manipulationen geht. Beides filtert, verkürzt und **verfälscht zwangsläufig die Realität** (FD FRZ, 226).

Schüler haben die Chance, bei einer Filmvorführung ein authentisches Medium der Zielkultur kennenzulernen, sich mit dieser Kultur auseinanderzusetzen, Werthaltungen zu erkennen und mit den eigenen zu vergleichen, um sich ggf. neu zu positionieren. Interkulturelle Kompetenz kann aufgebaut werden. Häufig sind diese Medien allerdings sehr komplex, es ergeben sich Zugangsschwierigkeiten durch sprachliche Herausforderungen auf der einen, durch menschliche[50] bzw. kulturspezifische Aspekte auf der anderen Seite.

Aufgaben

1. Lesen Sie folgende Beiträge zur Filmdidaktik von Johannes Wilts: *Neusprachliche Mitteilungen aus Wissenschaft und Praxis*, 4 (2001) 210-221 und FSU Frz 62 (2003) 4-11. Sichten Sie FSU Frz 91 (2008): *Le cinéma* sowie FSU Spa, 12 (2006): *Spielfilme*.
2. Erstellen Sie fachsprachliche Glossare zur Aufführungs- bzw. Filmanalyse in Ihrer Zielsprache.
3. Diskutieren Sie Vor- und Nachteile von Untertiteln in der Zielsprache oder in einem anderen Idiom.
4. Zielsprache Französisch: Sehen Sie sich den Film *Au revoir les enfants* und das bei Reclam erschienene Drehbuch (vgl. Ader 1993) an. Skizzieren Sie, wie Sie mit Film und Text arbeiten könnten. Lesen Sie dazu auch Haberkern (2007).
5. Zielsprache Spanisch: Sehen Sie sich den Film *La lengua de las mariposas* und die Lehrerhandreichungen (vgl. Willenbrink 2009) an. Skizzieren Sie, wie Sie mit Film und Text arbei-

---

[49] Zu vielen Kurzfilmen gibt es weder ein Drehbuch noch einen Basistext.
[50] Vgl. Kapitel 5.1.6 zur Problematik der Gewaltdarstellung in Filmen.

ten könnten. Lesen Sie ergänzend den Beitrag von Eleonore Beinghaus in FSU Spa 12 (2006): *La lengua de las mariposas*. Film und Erzählung.

6. Zielsprache Italienisch: Sehen Sie sich den Film *La vita è bella* des Oscarpreisträgers Roberto Benigni und dessen bzw. Vincenzo Ceramis Drehbuch (Reclam 2009) an. Skizzieren Sie, wie Sie mit Film und Text arbeiten könnten.

5.1.5 Exemplarische Unterrichtsplanung: Fernando Fernán-Gómez, *Las bicicletas son para el verano*

Im Rahmen einer Reihe zu „Spanien im 20. Jahrhundert" thematisiert das Theaterstück *Las bicicletas son para el verano* (vgl. Fernán-Gómez 1984*)* die Auswirkungen des Bürgerkrieges auf verschiedene Familien, die in Madrid in einem Haus leben. Neben den tragischen Auswirkungen des Bürgerkrieges – Hunger, Arbeitslosigkeit, politische Attentate sowie Tod durch Kriegsereignisse – stehen das alltägliche Leben mit seinen positiven Seiten, aber auch seinen Problemen und die zwischenmenschlichen Beziehungen einzelner Figuren im Mittelpunkt der Handlung. Die Schüler lernen den Bürgerkrieg nicht als ein Datum spanischer Gegenwartsgeschichte kennen, sondern haben durch die Arbeit mit dem Theaterstück die Möglichkeit, sich über die Identifikation mit einzelnen Figuren in die Situation der Spanier zur Zeit des Bürgerkrieges zu versetzen, die Problematik dieser Zeit zu erkennen, zu bewerten und dadurch Hilfen für eigene Entscheidungen zu finden sowie Vorbilder für ihr eigenes Verhalten zu gewinnen.

Die Beschäftigung mit diesem Text trägt weiteren Zielen der Kernlehrpläne Rechnung: Im Bereich Sprache sollen Schüler verschiedene authentische Texte entweder in allen Einzelheiten oder in ihren wesentlichen Aussagen lesend verstehen. Bei der Analyse dieses Theaterstückes werden die sprachlichen Fertigkeiten der Schüler erweitert: Das Leseverstehen wird besonders geschult, die Techniken der Textanalyse und die Interpretation werden geübt, die Schreibfertigkeit wird mit schriftlichen Aufgaben zum Inhalt und zur Textanalyse sowie mit kreativen Aufgaben weiterentwickelt.

Im Rahmen der Textanalyse des Theaterstückes wird das Methodenbewusstsein gefördert. Die Schüler sind auf diese Weise nach und nach in der Lage, selbständig Grundtechniken der Textanalyse gezielt einzusetzen. Dabei werden sie das metasprachliche Vokabular erwerben und lernen, die wichtigsten spanischen Termini zur Kommentierung von Texten sinnvoll anzuwenden. Sie werden in der Lage sein, Inhalt, Problemgehalt, Komposition, Sprachniveau, Stilmerkmale und ihre Funktion zu erkennen sowie zu erläutern. Sie lernen Möglichkeiten kennen, den soziokulturellen Hintergrund durch geeignete Arbeitsverfahren aufzudecken.

Die Behandlung des historischen Kontextes ist ein Grundelement literarischer Analyse. Das kritische Verständnis eines Textes ist nur möglich bei seiner gleichzeitigen Einordnung in geschichtlich gewordene Zusammenhänge.

Im Rahmen einer Sachanalyse zu dieser Stunde müssen folgende Aspekte referiert werden: Im Prolog, dem ersten, dem dritten und dem vierten Bild des Theaterstückes *Las bicicletas son para el verano* gibt es verschiedene Hinweise im Text sowie auch in den Fußnoten des Herausgebers, die die Handlung zeitlich exakt situieren.

Es ist möglich, mithilfe dreier Textstellen die Handlung des Prologs historisch einzuordnen. Er spielt im Sommer 1936, wie folgende Textstellen belegen: Pablo und Luis tragen Sommerhemden (*camisas veraniegas*, S. 45), sie tauschen sich über Filme aus, die im Sommer 1936 im Kino des Madrider Viertels Chamberí liefen (Fußnote S. 45f). Sie sprechen darüber hinaus ein aktuelles weltpolitisches Geschehen an, nämlich den Krieg zwischen Italien und Äthiopien der Jahre 1935/36 (Fußnote S. 47).

Im ersten Bild (S. 61) werden die Attentate sowohl der politischen Linken als auch der Rechten an ihren Gegnern erwähnt. Die starke politische Polarisierung in Spanien vor dem Bürgerkrieg wird hier deutlich. In einer Fußnote (S. 65) erhält der Leser Informationen zur damaligen Regierungsbildung. Der *Frente Popular*, ein Bündnis der linken politischen Gruppen und der Gewerkschaften, hat die Wahlen am 16. Februar 1936 gewonnen. Für einige Mitschüler von Luis hat der politische Wechsel Folgen: Sie müssen ihre Prüfung an einem anderen Gymnasium mit Prüfern der politischen Linken ablegen. Sie referieren Inhalte der alten Bücher ihres politisch rechts orientierten Gymnasiums mit konservativem Gedankengut und bestehen deshalb nicht. Auch Luis hat seine Physikprüfung nicht geschafft, nicht etwa, weil in Physik Inhalte politisch brisanten Inhalts geprüft worden wären, sondern weil die links orientierten Prüfer mit Freude viele Schüler eines konservativen Gymnasiums haben durchfallen lassen. Ein weiterer Hinweis zum Sommer ergibt sich aus der Fahrraddiskussion: Luis möchte unbedingt ein Fahrrad besitzen, damit er es im Sommer nutzen kann. (S. 67f).

Im dritten Bild bietet eine Fußnote (S. 76) die Möglichkeit der zeitlichen Einordnung: Die Zeitschrift *Cinegramas* wurde 1934 gegründet. Da Julio ein Exemplar liest, muss der Zeitpunkt der Handlung nach 1934 situiert werden. Man kann dieses Bild mit einer anderen Fußnote (S. 78) allerdings exakt einordnen: Die Szene spielt am 14. Juli 1936. José Calvo Sotelo, Chef der Opposition, wurde am 13. Juli 1936 ermordet. Pedro berichtet dieses Ereignis vom Vorabend (*Se han cargado a Calvo Sotelo. Anoche.* (S. 78)). Don Ambrosio spielt auf Aktivitäten des Militärs und auf größere finanzielle Transaktionen seiner Bank an, die ihn beunruhigen (S. 80). Pedro hält eine militärische Aktion für ausgeschlossen, da sie in aller Munde ist und die Regierung deshalb vorgewarnt sein müsste. Der drohende Militärputsch vom 17. Juli kündigt sich in dieser Textstelle an, das Gespräch muss also kurz vorher stattgefunden haben.

Das vierte Bild spielt am 17. Juli 1936. Luis berichtet über den von Marokko ausgehenden Militärputsch (*Se han sublevado los militares! [...] ¡En Africa!* (S. 78)). Damit wird auf folgende historische Ereignisse Bezug genommen: Am 17. Juli 1936 um fünf Uhr morgens nahmen Mitglieder der «Falange», des Bündnisses der rechtsgerichteten Parteien, unter der Leitung General Francos die Stadt Melilla, noch heute spanisches

Protektorat auf nordafrikanischem Gebiet, mithilfe des Heeres ein. Sie setzten Mitglieder der Gewerkschaften und der linken Parteien fest, außerdem wurden alle Regierungsvertreter hingerichtet, die sich der Erhebung des Militärs entgegenstellten. Eine Luftbrücke ermöglichte es, in der Nacht vom 18. zum 19. Juli nahezu den gesamten Norden Spaniens unter das Kommando nationaler Putschisten zu stellen.

Die Figuren des vierten Bildes werden durch Radionachrichten des regierungstreuen Senders über die Ereignisse informiert: Der Sprecher beruhigt die Zuhörer unter Verweis auf die Streitkräfte der Halbinsel, die nach wie vor auf Seiten der Regierung stehen und für eine Beruhigung der Situation sorgen. Es schließen sich Aufrufe zum konsequenten massiven Widerstand gegen die Unterdrückung durch die konservativen rechten Kräfte im Land an.

Doña Dolores will sofort ihren Mann informieren. Dieser kommt gerade nach Hause. Er kennt bereits die Lage und berichtet, gehört zu haben, dass auch in Zaragoza, Oviedo und in La Coruña geputscht worden sei. Das Radio bestätigt dies nicht, man erhält keine Informationen über Zentren des Militärputsches im Land. Unsicherheit unter den Anwesenden macht sich deshalb breit. Pablo sorgt sich um seine Eltern, die mit seinen Geschwistern in La Coruña den Sommer verbringen. Doña Antonia befürchtet, ihr Sohn Pedro, der in Madrid unterwegs ist, könne in Gefahr geraten. Doña Dolores erinnert an den Freund ihres Mannes in Cartagena, von wo aus die Marine in See gestochen ist, um den Putsch in Melilla zu beenden. María schließlich fragt sich, wie ihre Familie in Fresnedal bei Segovia die Situation erlebe. Julio berührt die Nachricht überhaupt nicht. Er denkt nur an seine gemeinsame Zukunft mit Manolita und versucht, sie von seinen Heiratsplänen zu überzeugen. Don Luis diskutiert erneut den bevorstehenden Fahrradkauf für Luis, befürchtet aber, dass die Geschäfte möglicherweise geschlossen sein werden. Er beschließt, die vermeintlich kurze politische Unruhe durch den militärischen Zwischenfall abzuwarten und für den Sommer das Fahrrad für Luis zu kaufen: Am Ende des vierten Bildes kann sich niemand vorstellen, dass dieser Putsch den Beginn eines langen Bürgerkrieges mit schrecklichen Konsequenzen für die spanische Zivilbevölkerung darstellt.

Die Stundeninhalte können mit folgenden Argumenten begründet werden: Aus der Sachanalyse geht hervor, dass Machtkämpfe rivalisierender politischer Gruppen im Vorfeld der Machtübernahme Francos die schwierige politische und soziale Situation Spaniens in den 1930er Jahren kennzeichnen. Dieses Kontextwissen muss in der Stunde zunächst bereitgestellt werden, um den Stundenschwerpunkt – den Staatsstreich aus dem vierten Bild und die Reaktionen einzelner Figuren auf dieses Ereignis – historisch einordnen zu können.

Die Hinweise zum historischen Kontext der ersten Bilder sind zahlreich. Bei den Angaben, die aus Gesprächen interpretiert werden können, sind Zugangsschwierigkeiten seitens der Schüler zu erwarten. Aus zeitökonomischen Gründen kann es exemplarisch genügen, schwerpunktmäßig die Fußnoten heranzuziehen und keine umfassende Kontext-Recherche zu betreiben.

Durch die Beschäftigung mit den Gedanken und Befürchtungen der Figuren wird es möglich, dass die Schüler die problematische Situation der Spanier zu Beginn des Bürgerkriegs erkennen, nachvollziehen und bewerten. Sie lernen durch die Beschäftigung mit diesem vierten Bild, das eine Spiegelung der Realität Spaniens am 17. Juli 1936 darstellt, Erscheinungen und Entwicklungen in einem Bereich der realen Welt zu verstehen. Sie können Hypothesen zu den Auswirkungen eines Militärputsches auf das Alltagsleben aufstellen. Diese Überlegungen sind nicht nur für Spanien gültig, sondern für Staatsstreiche und Bürgerkriege im Allgemeinen.

Ziel in dieser Stunde ist, dass die Schüler die Reaktionen der Figuren auf den Militärputsch vom 17. Juli 1936 analysieren und bewerten können. Sie sollen die wesentlichen Informationen zum historischen Kontext, die Polarisierung der spanischen Gesellschaft und den Militärputsch vom 17. Juli erkennen und herausarbeiten sowie Hypothesen zum weiteren Verlauf der Handlung aufstellen können. Sie trainieren so ihre Methodenkompetenz im literaturanalytischen Bereich.

Soziale Kompetenzen sind in der Gruppenarbeit gefordert, wenn wesentliche Informationen für die Analyse einer Textstelle bereitgestellt werden müssen. Aus sprachlich-kommunikativer Perspektive sollen die Schüler das durch das Theaterstück neu erlernte Vokabular korrekt zur Anwendung bringen können.

Die folgende arbeitsteilige Hausaufgabe wird zu dieser Stunde gestellt. (I): *Grupo A debe leer otra vez el prólogo, grupo B el cuadro I y grupo C el cuadro III. Cada grupo apunta las informaciones que nos explican cuándo la escena tiene lugar, por favor. (II): Lean el cuarto cuadro. Subrayen los pasajes del texto que llaman su atención porque son interesantes o también difíciles de entender.*

Die Hausaufgabe hat stundenentlastenden, vorbereitenden Charakter. Teil (I) soll eine zügige Erarbeitung der Kontextinformationen ermöglichen. Teil (II) der Hausaufgabe soll das Leseverhalten im Rahmen der Textanalyse schulen. Mithilfe dieser Vorüberlegungen können die Schüler selbst in der Stunde die wichtigen Aspekte im Rahmen der Interpretation nennen. Im weiteren Verlauf der Unterrichtsreihe sollen die Schüler daran gewöhnt werden, immer selbständiger literarische Texte erarbeiten zu können.

Der geplante Stundenverlauf kann auch synoptisch dargestellt werden:

Zeit	Unterrichtsphasen	Unterrichtsform	Medien
Lernschritt (1) 10 min	Einstieg: Resümee der *quadros* I bis III	Unterrichtsgespräch, Schülervortrag	Folienstreifen, OHP, Tafel, Text, schriftliche Hausaufgabe
Lernschritt (2) 06 min	Erarbeitungsphase 1 Bereitstellung des historischen Kon- texts zu *quadro* IV	Unterrichtsgespräch, Gruppenarbeit	Folie
Lernschritt (3) 06 min	Erarbeitungsphase 2 Schüler skizzieren die Reaktionen der Figuren auf den Putsch	Gruppenarbeit	Text
Lernschritt (4) 12 min	Sicherungsphase: Sammlung/Resümee der Ergebnisse	Unterrichtsgespräch, Schülervortrag	Folie
Lernschritt (5) 10 min	Interpretationsphase: Hypothesenbildung zum weiteren Ver- lauf der Handlung	Unterrichtsgespräch, Schülervortrag	Tafel, Folie, Text
Lernschritt (6) 01 min	Stellen der Aufgabe für die Folgestunde	Lehrervortrag	Text

Um die Stunde didaktisch-methodisch zu kommentieren, müssen folgende Aspekte fest-gehalten werden:

Die Stunde besteht neben dem Einstieg aus Erarbeitungs-, Ergebnissicherungsphasen und einer Interpretations- bzw. Anwendungsphase. In der Einstiegsphase werden die nötigen Informationen bereitgestellt, die die Einordnung der Szenen in den historischen Kontext ermöglichen.

Sprachliche Schwierigkeiten werden in dieser Stunde dann erörtert, wenn sie auftre-ten und das Textverständnis erschweren. Zusammenfassungen von Ergebnissen werden nicht nur am Ende der Stunde erfolgen. Sie sind nach mehreren Phasen möglich und bieten verschiedenen, vor allem schwächeren Schülern Gelegenheit zum kohärenten Sprechen.

Lernschritt 1: Die Einstiegsphase dient neben der Hinführung zum Thema der Überprüfung der Hausaufgabe. Da es sich um eine Sammelphase handelt, bietet sich am Ende eine Zusammenfassung der Ergebnisse an. Die Sicherung erfolgt auf einer Folie. Aus zeitökonomischen Gründen fertigen drei Schüler ihre Hausaufgaben auf Folienstreifen an. Diese Ausführungen werden in der Stunde auf den Projektor gelegt, eventuell durch weitere Schülerantworten ergänzt.

Lernschritt 2: Die Schüler werden zunächst bei Bedarf ihre Probleme beim Textverständnis äußern und für sie interessante Stellen nennen. Dies wird auch Anspielungen auf den Militärputsch betreffen. Da keine Daten im Text oder in Fußnoten direkt genannt sind, werden Schüler ohne Vorkenntnisse diese Szene nicht exakt datieren können. Die offene Frage muss aufgenommen und beantwortet werden: Dazu ist es zur Bereitstellung wesentlicher Daten für alle sinnvoll, ein kurzes Schülerreferat[51] zum Militärputsch zu vergeben oder Material mitzubringen, das eine Erarbeitung der Hintergründe ermöglicht. Für die Alternative zum Referat muss ggf. mehr Unterrichtszeit eingeplant werden. Ein Lehrervortrag ist hier nicht zwingend notwendig, denn die Schüleraktivität soll im Vordergrund stehen. Das Referat sollte durch eine Folienskizze gestützt werden, damit eine Sicherung der Informationen aus dem Schülervortrag gewährleistet ist.

Lernschritt 3: Zur zweiten Erarbeitungsphase bietet sich ein Methodenwechsel an. Stichpunkte zu den Reaktionen der einzelnen Figuren werden arbeitsteilig in Gruppenarbeit gesammelt. Es entsteht so ein Austausch zwischen Schülern über den Text. Die Lehrkraft kann bei Bedarf einzelne Gruppen beraten oder die eine oder andere Textstelle erläutern.

Lernschritt 4: Die Ergebnisse der Gruppenarbeit müssen vorgestellt und mit einem Cluster an der Tafel gesichert werden. Es ergibt sich anschließend die Möglichkeit zu einem kohärenten Vortrag über die Reaktionen einzelner Figuren auf den Staatsstreich.

Lernschritt 5: Um Interesse für die Fortsetzung der Lektüre zu wecken, sollen am Ende der Stunde mögliche Hypothesen zum weiteren Verlauf der Handlung aufgestellt werden, die sich in den folgenden Stunden als falsch oder richtig herausstellen. Die Schüler werden dabei mögliche Auswirkungen eines Militärputsches im Allgemeinen benennen und so einen Bezug zu Problemen der Vergangenheit, der Gegenwart und der Zukunft herstellen. Bei Zeitmangel kann dieser Schritt entfallen und als Wiedereinstieg in die Folgestunde integriert werden.

Die Hausaufgabe besteht aus zwei Teilen: aus der gezielten Lektüre des 5. Bildes und der Redaktion eines Briefes. Sie hat stundenentlastenden, vorbereitenden Charakter:

---

[51] Im Rahmen der vorausschauenden Unterrichtsplanung erfolgt die Vergabe des Referats vor dieser Stunde.

Escriban una carta. Posibilidad 1: María escribe a su familia y habla de lo que se pasó en Madrid durante los últimos días. Pide informaciones en cuanto a la situación en Segovia. O posibilidad 2: Pablo escribe a su familia y habla de lo que se pasó en Madrid durante los últimos días. Pide informaciones en cuanto a la situación en La Coruña.

En casa lean el cuadro V, por favor. Subrayen los pasajes del texto que llaman su atención porque son interesantes o también difíciles de entender.

Aufgaben

1. Konzipieren Sie das Tafelbild zur vorgestellten exemplarischen Unterrichtssituation.
2. Bereiten Sie den Einsatz von Comics im Kontext des Spanischen Bürgerkriegs vor: Text-grundlage soll *Las aventruras de Max Fridman. ¡No pasarán! Tomo 2. Río de Sangre* sein. Entwickeln Sie Ideen zum Einsatz dieser spezifischen Textsorte im Spanischunterricht.
3. Für alle drei Zielsprachen: Informieren Sie sich über die Metasprache für eine Comicanalyse. *Die 101 wichtigsten Fragen. Comics und Manga* (vgl. Platthaus 2008), die *Comic-Analyse* (vgl. Dittmar 2008) sowie *The language of Comics* (vgl. Saraceni 2003) können Sie dabei unterstützen.
4. Überlegen Sie, wie der Film *Las bicicletas son para el verano* (1983, Spanien, unter der Regie von Jaime Chavarri) und das Drama im Unterricht verknüpft werden könnten.

5.1.6 Romane

In Kapitel 5 wurde bereits die mit dem ZAbi einhergehende Problematik angesprochen, dass aufgrund der umfangreichen Lektürevorgaben es kaum möglich sein wird, zusätz-lich zum Vorbereitungsprogramm auf die Abiturprüfung einen weiteren Roman zu lesen. Es können aber in den Unterricht weitere Textsorten integriert werden, die sich thema-tisch mit der argentinischen, der chilenischen oder ggf. im Allgemeinen mit lateinameri-kanischen Militärdiktaturen beschäftigen. Diese bzw. eine vergleichbare Thematik ist aktuell und war bereits schon ZAbi-Thema in verschiedenen Bundesländern.

Es ist denkbar, einer inhaltlich nicht vorbereiteten Lerngruppe vor der Romanlektüre Stings[52] *Ellas danzan solas* ohne Vorentlastung oder Lenkung jeglicher Art zu präsentie-ren, um anschließend zu fragen, was verstanden wurde. Der Grund für den einsamen Tanz ist aus dem Text heraus zu interpretieren. Oberstufenschüler können selten Daten lateinamerikanischer Geschichte referieren, deren Kenntnis notwendig ist, um den Text

---

[52] Auf Seite 181 der Romanausgabe (vgl. Sierra i Fabra 1998) findet sich das Gedicht, Texte zu Musikproduktionen können in der Regel im Internet mittels Google gefunden bzw. auf den Booklets der CDs oder, wie in diesem Fall noch möglich, auf der Textbeilage der Schallplatte eingesehen werden.

zu verstehen. Unterstützend können die ersten Verse – es sind Fragen – dieses im Kontext des Liedes entstandenen Sting-Gedichts eingesetzt werden, um auf fehlendes Welt- oder Kontextwissen hinzuweisen. Dies lässt sich z.B. durch Recherchen im Internet erarbeiten und präsentieren.

Im Anschluss wird der Roman *La memoria de los seres perdidos* von Jordi Sierra i Fabra gelesen. Estela Lavalle, eine junge Frau aus Barcelona, muss feststellen, dass ihre Eltern nicht ihre leiblichen sind. Die Familie hat 1982 Argentinien verlassen, lebt seitdem in Barcelona, dem Geburtsort der Adoptivmutter. Auf Umwegen, durch heimliche Nachforschungen, durch Zufall und durch Informationen einer zunächst geheimnisvollen Frau muss Estela erfahren, dass sie und ihre Schwester Alejandra mit hoher Wahrscheinlichkeit Kinder von Frauen sind, die während der argentinischen Militärdiktatur verschleppt, gefoltert und umgebracht wurden. Estelas Adoptivvater selbst soll als ranghohes Mitglied des Militärs in die Folterungen in der *Escuela de Mecánica de la Armada* verwickelt sein. Ihr Leben und ihre Liebe zur Familie werden in den Grundfesten erschüttert, sie verlässt am Ende die elterliche Wohnung, um mit ihrem Freund Miguel ein neues Leben zu beginnen.

Ellas danzan solas von Stings Schallplatte *Nothing like the sun*[53] bzw. *Nada como el sol* thematisiert Gefühle der Hinterbliebenen der Opfer der chilenischen Militärdiktatur (vgl. den Vers «*Hey, Mr. Pinochet...*»). Hervorzuheben ist, dass der Text vom argentinischen Kultusministerium als Material veröffentlicht wird, um argentinischen Schülern eine Auseinandersetzung mit ihrer eigenen Geschichte zu ermöglichen.

Das Lied ist besonders geeignet, in der Pre-reading-Phase nach Greenwood zum Jugendroman Sierra i Fabras eingesetzt zu werden. Die Spannung des Lesers, der in den ersten Kapiteln lediglich mit Beziehungsfragen Estelas und Miguels konfrontiert wird, bleibt erhalten, da hier nicht zwangsläufig der Bogen zu *desaparecidos* unter südamerikanischen Diktaturen gespannt werden kann. Mit der Lektüre des zweiten Teils, dem sogenannten *cuarto menguante* (abnehmender Mond), können dann Parallelen zwischen der Geschichte Argentiniens und Chiles gezogen werden: Auf methodischer Ebene erkennen und erarbeiten die Schüler selbständig fehlendes Kontextwissen zu Argentinien. Sie entdecken ein weiteres Puzzelteil aus der Geschichte Lateinamerikas und ordnen es in ihr Weltwissen ein. Das Hörverstehen vor der Phase der Lektüre unterstützt spätere induktive Erarbeitungsphasen im Rahmen der Literaturarbeit.

Der Jugendroman bietet zahlreiche interessante methodische Vorgehensweisen, von denen ausgewählte[54] hier vorgestellt werden sollen: Die vier Mondphasen, die den

---

[53] Fächerübergreifend könnte an dieser Stelle der Bezug zu Shakespeares Sonett 130 *My mistress' eyes are nothing like the sun* hergestellt werden. Der Titel der Schallplatte oder CD Stings zitiert diesen Text.

[54] Vgl. das Unterrichtsmodell zu *La memoria de los seres perdidos* von Karl-Ernst Weinstock. Die Fotos aus der Zeit der argentinischen Diktatur und die Aufnahme der *Madres* als authentische Fotodokumente bieten sich zur Integration an.

Roman gliedern, können interpretiert werden: Neumond (*luna nueva*) als Stellvertreter für Neuorientierung, Energie, zunehmender Mond (*cuarto creciente*) für Wachstum, Vollmond (*luna llena*) für starke positive wie negative Gefühle und abnehmender Mond (*cuarto menguante*) für die Befreiung von Zweifeln und Ängsten.

Nach dem ersten Kapitel können die Lektüre unterbrochen und Hypothesen über den weiteren Verlauf eingefordert werden. Da es Estela darum geht, ihren Freund der Familie vorzustellen, ist der tatsächliche Fortgang der Geschichte kaum auszumachen. Mit diesem Überraschungseffet kann Spannung im weiteren Lektüreverlauf erzeugt werden. Eine ähnlich produktive Aufgabe ist möglich, als Estela das Attest über die Unfruchtbarkeit ihrer Mutter findet. Die Szene könnte alternativ als Standbild nachgestellt werden. Es ist auch möglich, dass Schüler ein solches Standbild, das sie zuvor im Rahmen eines differenzierten individuellen Arbeitsauftrags zu dieser Szene vorbereitet haben, mit Requisite fotografieren und in den Unterricht einbinden.

Darüber hinaus gibt es weitere Texte, aus denen sich Auszüge für die Arbeit im Kontext von *La memoria de los seres perdidos* anbieten. Carlos Villanes Cairos *Retorno a la libertad* beschreibt die Suche der Großmutter Marina nach ihrer Enkelin Chelita. Der im Untergrund als Arzt politisch aktive Vater und die Mutter werden verschleppt, als das Mädchen vier Jahre alt ist. Der Hartnäckigkeit der Großmutter und der *Madres de la Plaza de Mayo* ist es zu verdanken, dass Chelita gefunden wird und sich tatsächlich an die Großmutter erinnert, da sie vor der Entführung die Ferien bei den Großeltern in Spanien verbracht hat. Durch einen Trick gelingt es der Großmutter schließlich, mit der Enkelin nach Spanien auszureisen.

Nicht immer wollen Kinder entführter Eltern zu ihren leiblichen Familien zurück. Hier bietet sich die Integration eines Zeitungsartikels (vgl. Barrera Marín/Schleyer 1996, 62, *Encuentros* 2) an. Er berichtet von einer Gerichtsverhandlung, in der sich Kinder gegen die Rückkehr in ihre Familie aussprechen. Eine fiktive Gerichtsverhandlung böte sich an dieser Stelle als Trainingsgegenstand zur Förderung der kommunikativen, sprachlichen Kompetenz der Schülergruppe an.

Ideal als Steinbruch für Zusatztexte[55] kann Elsa Osorios *A veinte años, Luz* dienen. Nicht alle Textstellen eignen sich, da Folterungen explizit beschrieben werden. *El Bestia*, der als Militärangehöriger den Folterungen beiwohnt, hat seiner lebensgefährtin Miriam ein Kind einer *desaparecida* versprochen. Kurzfristig muss dieser Plan geändert werden. Miriam soll auf die Frau, Liliana Ortiz, die gerade entbunden hat, und das neugeborene Kind, Luz, in ihrer Privatwohnung aufpassen. Es entwickelt sich eine intensive freundschaftliche Beziehung. Miriam verhilft Liliana zur Flucht, die jedoch mit ihrer Tochter Luz aufgegriffen wird. Die Mutter wird erschossen, das Kind geraubt und zur Adoption in Militärkreisen freigegeben. Auf 503 Seiten wird mit Flashbacks in einer komplexen, mehrperspektivischen narrativen Struktur erzählt, wie Luz schließlich ihren

---

[55] Will man ein Theaterstück in die Textauswahl integrieren, kann man auf Nora Adriana Rodríguez' *Paula.doc* zurückgreifen.

Vater findet und ihre wahre Geschichte erfährt, denn Miriam hat nach der organisierten, aber tragisch gescheiterten Flucht Luz, mittlerweile selbst Mutter eines Sohnes, gesucht und die Fäden mühevoll zusammengeführt.

Ähnlich grausame Szenen sind im Spielfilm *Imagining Argentina* (unter der Regie von Christopher Hampton, 2003) zu sehen, der sich deshalb nicht zur Vorführung anbietet. Die märchenhafte Seherfähigkeit des Protagonisten, die doch einen eigentümlich anmutenden, unpassenden Kontrast zu den Gewaltszenen darstellt, entlarvt den Film für viele Betrachter als ansatzweise kitschigen Hollywood-Streifen.

Besser geeignet für den Einsatz im Unterricht ist der Kurzfilm *El balancín de Iván* aus dem Jahr 2002 unter der Regie von Darío Stegmayer. Der Name des Kindes, Iván, ruft hier institutionell die politische Linke ins Gedächtnis. Ähnlich wie im Vercors-Text (Kapitel 5.1.1) müssen die Kinder auf ein vereinbartes Zeichen das Haus über eine Wippe in Richtung Nachbargrundstück verlassen, nämlich in dem Moment, in dem den Eltern als politisch linke Aktivisten die Verhaftung droht. Als es dazu kommt, hat Iván Angst, die Mauer zum Nachbargrundstück über die Wippe zu überwinden. Der Rückblick endet hier. Als Spannungsmoment kann die Filmvorführung für die Lerngruppe hier gestoppt werden, Hypothesen zum weiteren Verlauf werden eingefangen. Erst die Szene, in der sich zwei erwachsene Menschen auf das Haus, in dem sich die Geschichte zugetragen hat, von außen zu bewegen, klärt, dass die Flucht geglückt sein muss.

Will man auf den Kurzfilm verzichten und einen Spielfilm auswählen, bietet sich *La historia oficial* (unter der Regie von Luis Puenzo, 1985) an. Die Mutter, eine regimetreue Geschichtslehrerin, erfährt erst gegen Ende des Films, dass ihre Adoptivtochter sehr wahrscheinlich das Kind einer *desaparecida* ist. Ihre Werte, Einstellungen, ihr bis dato glückliches Familienleben gerät ins Wanken. Es kommt zur offenen Konfrontation mit ihrem Mann, der eingeweiht gewesen sein und zugestimmt haben muss. Eine Dokumentation einzelner Ereignisse während der chilenischen Militärdiktatur steht mit *Llueve sobre Santiago* (unter der Regie von Helvio Soto, 1976) zur Verfügung.

Um das Textmedium zu wechseln, können Fernando Birris Gedicht *Madres de rayos* (vgl. Amann et al. 1995, 107), die Musikproduktion *Despariciones* von Rubén Blades in Verbindung mit dem Brief dreier Kinder aus Tegucigalpa/Honduras an ihren Vater im Gefängnis (vgl. Mohren 1991, der zahlreiche weitere Textdokumente bereitstellt) eingesetzt werden. Auf diese Weise kann der Kontext lateinamerikanische Diktaturen in den Blick genommen werden[56] und so auch hier ein Bogen zur Vermittlung sozialer, politischer und interkulturellen Kompetenzen geschlagen werden.

---

[56] Weitere didaktisch-methodische Beiträge zum Thema Vergangenheitsbewältigung in Spanien, Chile und Argentinien finden sich in FSU Spa 24 (2009): *memorias*.

Aufgaben

1. Zielsprache Französisch: Lesen Sie Zolas *Germinal* in einer Originalausgabe Ihrer Wahl und in der Klett-Ausgabe (vgl. Ader 1999). Vergleichen Sie die Texte: Welche Unterrichtsbedingungen könnten für den Einsatz der Klett-Ausgabe sprechen? Sichten Sie zusätzlich die Klett-Lektürehilfen von Jacques Vassevière.
2. Zielsprache Italienisch: Vergleichen Sie Carlo Cassolas[57] *La ragazza di Bube* im Original mit der als *«easy reader»* adaptierten Klett-Ausgabe. Untersuchen Sie die Redeverben im Original und überlegen Sie, ob diese Analyse im Fremdsprachenunterricht sinnvoll erscheint. Sichten Sie auch Christine Michlers Beitrag in Neusprachliche Mitteilungen (2005).
3. Zielsprache Spanisch: Lesen Sie Carlos Villanes Cairos *Retorno a la libertad*. Sichten Sie außerdem die Materialien zu Dossier 7 in *Encuentros* 2 (vgl. Amann et al. 1995 sowie Barrera Marín/Schleyer 1996) und den Beitrag von Ursula Vences ‚Hoffnung in dunklen Zeiten – der Jugendroman *Retorno a la libertad* in FSU Spa 24 (2009). Notieren und reflektieren Sie didaktisch-methodische Entscheidungen, die für die Arbeit mit dem Text getroffen wurden.

5.1.7 Gedichte

Lyrische Texte werden oft von denjenigen, die sich mit ihnen beschäftigen wollen oder sollen, als „dunkel" oder schwer verständlich charakterisiert. Sie setzen zur Entschlüsselung bestimmte Lese- und Textanalysestrategien voraus. Voraussetzung für die selbständige Lektüre ist eine differenzierte Leseeinstellung. Schüler sollen das linear intensive, das selektive sowie das extensive, kenntnisnehmende, kursorische Lesen beherrschen. Der Intensitätsgrad der Textbearbeitung steht in Relation zu lehr- und lernökonomischen sowie gattungspoetischen Aspekten: Gattungsbedingte Strukturen eines Texts bestimmen das Leseverhalten. Es ist – um wenige Beispiele an dieser Stelle zu nennen – denkbar, einen Roman kursorisch zu lesen, um den Handlungsverlauf als roten Faden nachvollziehen und resümieren zu können, ohne detaillierte Ausführungen zu den Romanfiguren genauer zu betrachten. Ein einzelnes Gedicht hingegen eignet sich für eine linear intensive Lektüre, bedingt u.a. durch die häufig vorliegende Kürze des Texts und die Dichte der formalen Besonderheiten, die es zu analysieren gilt. Eine Anthologie lyrischer Texte kann jedoch kenntnisnehmend gelesen werden, z.B. mit dem Ziel, gemeinsam mit den Schülern die Auswahl der zu analysierenden Gedichte festzulegen.

Schüler sollen außerdem Einsichten in literarische Grundstrukturen gewinnen, über Literatur kommunizieren können und, sofern ein literaturwissenschaftlicher Kommentar erfolgt, sich metasprachlich – unter Anwendung von Funktionswortschatz bzw. Phraseologie – korrekt ausdrücken können. Literaturunterricht wird auch deshalb als integrierter Sach- und Sprachunterricht bezeichnet.

---

[57] Das Pavese-Gedicht im folgenden Kapitel kann im Zusammenhang mit *La ragazza di Bube* behandelt werden.

Die folgenden Aufgaben sind im Rahmen einer Lyrik-Einheit in geeigneter Kombination mit den bereits in der Tabelle des Kapitels 5.1 genannten methodischen Vorgehensweisen rund um den Text denkbar. Die Einstiegs- oder erste Kreativphase vor der Lektüre eines lyrischen Texts kann also zusätzlich diese spezifische Auswahl an Arbeitsschritten gewissermaßen als Aufwärmtraining umfassen: Für ein Gedicht wählen Schüler orientiert am Titel geeignete Illustrationen aus einer Materialsammlung aus oder erstellen selbst eine Illustration zum Titel. Schüler können im Rahmen einer Schulung zu Stilmitteln aufgefordert werden, Metaphern, Vergleiche, Allegorien oder Reime in Anlehnung an lyrische Beispieltexte zu entwerfen.

Ein überraschendes Ergebnis kann ein Faltblattspiel mit exakter Vorgabe zur Wortart, zur Syntax etc. liefern. Jeder könnte ein knappes Syntagma z.B. zum Thema Winter immer wieder am oberen Rand eines Blattes notieren, danach nach hinten umfalten und weitergeben, bis jeder etwas aufgeschrieben hat. Wenn das Blatt dann wieder aufgefaltet wird, ergibt sich oftmals ein Text, der modernen lyrischen Formen ähnlich ist.

Am Ende einer Lyrikeinheit können Schüler einen eigenen Gedichtband mit Illustrationen erstellen, dieser kann interdisziplinär mit dem Fach Kunst gestaltet werden. Die folgenden Ideen zum Einsatz eines italienischen Gedichts im Unterricht sollen zeigen, wie die vorab in der Theorie vorgestellten methodischen Zugriffe in der Praxis umgesetzt werden können.

Cesare Paveses Gedicht *Tu non sai le colline* (Rom, 9. November 1945), eines von neun Gedichten, die der Autor in der paduanischen Zeitschrift *Le tre Venezie* unter dem Titel *La terra e la morte* veröffentlicht hat, bietet verschiedene Möglichkeiten zur Textarbeit im Unterricht. Als Einstieg bietet sich z.B. eine idyllische Landschaftsaufnahme aus dem Hügelland des Piemonte an, da die *colline* die narrative Szene im Gedicht rahmen. Diese ist zu beschreiben, voraussichtlich werden in erster Linie positive Eindrücke und Assoziationen festgehalten.

Anschließend wird der kurze lyrische Text, der kein Reimschema aufweist, vorgelegt und gleichzeitig vorgetragen. *Tu non sai le colline* beschreibt die Situation einer Partisanengruppe auf der Flucht im Zweiten Weltkrieg. Ein Mitglied wurde dabei erschossen und starb. Eine Frau beobachtete die Flucht und erwartet die Gruppe nun „inmitten der Hügel".

Selbst ohne Kenntnis des Entstehungsdatums rufen die vierzehn Verse des Gedichts institutionell eine Kriegsszene ins Gedächtnis: *si è sparso il sangue*, *fuggimmo*, *gettammo l'arma*, *il cielo vuoto*, *chinò il capo* sowie *morì* konnotieren Krieg und Tod. Auch *le colline* verweisen auf eine Landschaft, die sich in zahlreichen Resistenza-Texten findet. Fasst man beispielsweise die Lektüre von Auszügen aus Beppe Fenoglios *Una questione privata*, Carlo Cassolas *La ragazza di Bube* oder Cesare Paveses *La casa in collina* in einer Unterrichtseinheit zusammen, lässt sich dieser lyrische Text sinnvoll integrieren. In jedem Fall wird die Interpretation der bedrückenden Stimmung in den

Hügeln stark von den zu Stundenbeginn gesammelten Eindrücken abweichen. Ein solches vergleichend-kontrastives Verfahren dient dazu, Aufmerksamkeit zu bündeln.

Formal fällt die syntaktische Parallele *Una donna ci guardava fuggire* (Vers 5/6) bzw. *Una donna ci aspetta alle colline* (Vers 13/14) ins Auge. Dieser Rahmen könnte die erste und letzte Kameraeinstellung bilden, wollte man die Szene filmen. Das Personalpronomen *tu* fungiert in den Gedichten der genannten Sammlung als Rezipienten-Kontakt. Der Leser wird direkt angesprochen, quasi in die Szenen einbezogen. Im Rahmen der kreativen Textrezeption könnten die Schüler deshalb das Gedicht zunächst in einem Rollespiel interpretieren, diese Präsentation dann archivieren und dafür parallel in einem Drehbuch wesentliche Kameraeinstellungen nebst Regieanweisungen festhalten. Diese Vorgehensweise drängt sich aufgrund formaler und inhaltlicher Kriterien nahezu auf.

Eine didaktische Alternative wäre, das Gedicht zunächst in einem narrativen Text umformen zu lassen, um ihn dann weiter zu schreiben, indem *e dice...* angefügt wird, sollte eine Filmvorführung bedingt durch technische Schwierigkeiten entfallen.

Warum kann dieser Text das Interesse der Schüler wecken? Die Bewertung der Frage, ob Krieg oder allgemeiner Gewalt zur Durchsetzung politischer Interessen akzeptiert werden kann, bietet Diskussionspotenzial. Dieses bedauerlicherweise immer aktuelle und wichtige Thema soll die Schüler motivieren, sich zu diesem zentralen Problem menschlicher Geschichte Gedanken zu machen und diese zu äußern.

Aufgaben

1. Für Studierende des Faches Französisch: Das Gedicht «Paris - Pentecôte» von Pierre Seghers (vgl. Haberkern, 100) beschreibt die schwierige Situation in Paris unter der *Occupation* zwischen 1940 und 1944. Das lyrische Ich trauert um die geliebte, aber ihm fremd gewordene Stadt. Die Deutschen, die Paris besetzen, ihm selbst und den Bürgern übel zusetzen, sind verantwortlich für die Situation. Trotz dieser Gewalt wird Paris jedoch niemals besiegt werden können, weder physisch, noch moralisch noch intellektuell. Stellen Sie eine Textsammlung zu Paris-Gedichten zusammen. Skizzieren Sie eine Einheit.

2. Studierende des Faches Italienisch entwerfen eine Einheit zum Thema *viaggio*. Integrieren Sie die Texte *Il lungo viaggio* von Leonardo Sciascia, *Il viaggio* von Giuseppe Tomasi di Lampedusa sowie Eugenio Montales *Prima del viaggio*. Die Arbeitsbücher 1 und 2 mit dem Titel *Viaggi tra le righe* (Langenscheidt 1993) mit zahlreichen Texten im Themenkontext, die von Giulia Angelini und Bianca M. Battaggion didaktisiert wurden, halten dazu zahlreiche Anregungen bereit.

3. Studierende des Faches Spanisch skizzieren eine Kurzeinheit zu folgenden Gedichten Pablo Nerudas: *El monte y el río* sowie *Soy nada más que un poeta* (vgl. Peck 2010 bzw. Halm/Ortiz Blasco 1990, Lehrbuch S. 67). Ergänzen Sie nach einer Internet-Recherche die Texte mit Materialien zu Chile, die das Textverständnis erleichtern. Sichten Sie auch das Heft FSU Spa 30 (2010): *Poesía*.

4. Sollten Sie Französisch und Spanisch studieren, entwerfen eine Kurzeinheit zu *El Pescador y el Pez* von Félix María de Samaniego (vgl. von Stackelberg 2004, 64) und zu zwei Fabeln Ihrer Wahl von Jean de la Fontaine.

5.1.8 Musikproduktionen

Sprechen, Schreiben, Lesen, Hören und Sprachmittlung werden im Fremdsprachenerwerb als anvisierte kommunikative Kompetenzen ausgewiesen[58]. Sie sollen ausgewogen trainiert und beherrscht werden. Dieses Lehr- und Lernziel wird in der Regel erreicht, Untersuchungen belegen jedoch, dass Hörverstehensübungen in der Frequenz im modernen FSU trotz einer deutlichen Aufwertung in den letzten Jahren immer noch hinter anderen Übungen oder Trainingsgegenständen zurückstehen. „Aufgrund der hohen Komplexität der kognitiven Vorgänge beim Hörverstehen ist [jedoch] mehr Übung unumgänglich" (Bächle 2007, 14), denn in der Alltagskommunikation haben Hören und Sprechen den größten Anteil, nämlich 45% bzw. 30%.

Der komplexe Vorgang des Hörverstehens umfasst nach Werner Kieweg u.a. die Segmentierung von Lauten und Geräuschen in Einheiten (so genannte chunks), die Diskriminierung von Phonemen und Morphemen, die Antizipation der weiteren Rede aufgrund bereits gehörter Satzanfänge, die Wahrnehmung und Interpretation prosodischer Elemente und emotionaler Färbungen. Darüber hinaus wird beim Hören ein Erkennen und Verstehen sprachlicher Varietäten oder phonologisch-syntaktischer Merkmale der gesprochenen Sprache verlangt, ebenso wie die Aktivierung des Weltwissens und der bisherigen Lernerfahrung mit dem Ziel, nicht dekodierbare akustische Signale wahrzunehmen, herauszulösen und sich fehlendes Kontextwissen jeglicher Art zu erarbeiten. Auch die Frequenz der unbekannten grammatischen und lexikalischen Strukturen stellt eine Herausforderung dar. Dies alles geschieht bei vorgegebenem Sprechtempo, das nicht wie beim Lesen selbst bestimmt werden kann. Es entsteht, gekoppelt mit dem Wunsch nach umfassendem Verständnis des gehörten fremdsprachlichen Texts, häufig der subjektive Eindruck auf Lernerseite, „alles sei deutlich zu schnell gesprochen". Dieser mag, nach Nieweler (vgl. FD FRZ, 111) im Verhältnis zur üblichen Interaktion im FSU zwar zutreffen, nicht aber im Vergleich zur Muttersprache, in der – dies sei zur Beruhigung der Schüler erwähnt – auch nicht alles verstanden wird:

> Im Alltag genügt oft ein globales oder selektives und stets interessengeleitetes Verstehen, was eben nicht auf Memorisieren einer Vielzahl von Teilaspekten angelegt ist (FD FRZ, 111).

Ein vollständiges Detailverstehen ist also nicht zwangsläufig erforderlich. Diese Erkenntnis und eine daraus resultierende Gelassenheit während des Hörens muss bewusst gemacht bzw. intensiv geübt werden.

---

[58] http://db2.nibis.de/1db/cuvo/datei/KC_franz_gym_i.pdf, S. 11

> Ziel des FSUs sollte es also sein, die Lernenden von dem Versuch, Wort für Wort verstehen zu wollen, wegzuführen und zur Konzentration auf das Wesentliche sowie zum ganzheitlichen Verstehen zu führen (Solmecke 2003, 8).

Das Globalverstehen ist eine Grundvoraussetzung für Antizipation und Inferieren, für das Erschließen eines Wortes aus seiner Umgebung.

Hörverstehen findet bei jedem Schüler- oder Lehrervortrag sowie bei Präsentationen von Hörtexten mittels geeigneter Medien statt. Es gilt, diese Situationen zu nutzen und sie mit geeigneten Maßnahmen zu unterstützen, um die Hörfertigkeit intensiv zu schulen. Dazu benötigt man motivierende Medien, zu denen Musikproduktionen zweifellos gehören. Dieser Terminus Eynar Leupolds kann zur Vermeidung der semantisch zu stark polarisierenden Begriffe *chanson* oder „Lied" verwendet werden. Die Texte zu den Produktionen sind in der Regel ohne Schwierigkeiten im Internet zu finden.

Die Schüler beschäftigen sich in ihrer Freizeit mit Musik, sie sind in der Regel unterschiedlichen Musikrichtungen gegenüber aufgeschlossen, um anschließend im Hinblick auf den eigenen Musikgeschmack Position zu beziehen, zu bewerten. Sie bringen Texten und Übungen Interesse entgegen.

Es ist auch hier sinnvoll, die Trainingsgegenstände zum Hörverstehen in drei Kategorien zusammenzufassen, nämlich in solche, die vor dem, während des oder nach dem Hören bzw. des Hörens liegen.

Vor der Präsentation des Hörbeispiels ist es möglich, die Schüler hinsichtlich ihres Vorwissens zu befragen: Spielen sie ein Instrument? Welche Musikrichtung, welche Sänger oder Gruppen gefallen ihnen besonders gut? Haben sie bereits ein Konzert besucht? Auf diese Weise können bereits wesentliche Vokabeln zum Thema Musik gesammelt werden.

Um einen direkten Bezug zum Hörtext herzustellen und das Hörverstehen zu lenken oder vorzuentlasten, könnten zum Titel oder zu Schlüsselwörtern Hypothesen hinsichtlich des Inhalts seitens der Lerngruppe aufgestellt und mittels Cluster oder Wörternetz an der Tafel fixiert werden. Bilder, die entweder auf den Inhalt verweisen, oder aber in deutlichem Gegensatz stehen, können zunächst beschrieben und in einer späteren Phase mit dem Text verglichen werden.

Für die Spracherwerbsphase, jedoch nicht direkt im Anschluss an die Einführung des Themas „Kleidungsstücke", bietet sich für das Fach Französisch das Chanson *La garderobe d'Elisabeth* von Amélie-les-Crayons an. Es zeichnet sich durch Klarheit des musikalischen Vortrags aus. Ein voller Kleiderschrank und die alltägliche Entscheidungsfindung, was angezogen werden kann, beschreibt eine sowohl den Schülern als auch den Schülerinnen bekannte und insofern durchaus nachvollziehbare Situation. Allerdings, dies wird aus der Textbeilage (vgl. FSU Frz 81/82 (2006), S. 93) deutlich, weist der relativ lange Text schwierige Vokabeln vor allem des *français familier* auf, auch verschiedene Kleidungsstücke, z.B. V-Pullover, Stulpen oder ein rückenfreies Oberteil, gehen über den Grundwortschatz hinaus. Deshalb ist es eher für das dritte oder vierte Lernjahr geeignet.

Vor Bearbeitung des Chansons kann die Illustration aus *Mille e un esercizio* (vgl. Heidtke/Söffker/Thiele 2001, 43) den Einstieg erleichtern, ebenso wie die von Marie Françoise Vignaud vorgestellten Übungen, die Beschreibung der Kleidung der Mitschüler, die Überprüfung der Bedeutung des Wortes *la garde-robe* im Wörterbuch, die Aufzählung von Kleidungsstücken, gelenkt durch vorgegebene Anfangsbuchstaben, die im Chanson vorkommen könnten.

Grundsätzlich muss vor der Hörphase überlegt werden, ob der Text parallel vorliegen soll oder er den Schülern zunächst vorenthalten wird. Diese Entscheidung hängt z.B. von der Leistungsstärke der Lerngruppe, den ausgewählten methodischen Vorgehensweisen, aber auch von der Komplexität oder Länge des Texts ab.

Während eines selektiven Hörvorgangs kann bei Textvorlage die klassische Komplementationsübung, der Lückentext, eingesetzt, aber auch eine Sortieraufgabe zu Textbausteinen oder Bildern in ungeordneter Reihenfolge durchgeführt werden. Die Schüler können dann vorab notierte Begriffe zu Kleidungsstücken im Text wiederentdecken. Ohne Text sollten Antworten auf Leitfragen bzw. Impulse kurz notiert werden, die ggf. vor dem Hören gelesen worden sind. (Wo findet die Szene statt? Beschreibt die Hauptfigur des Chansons.) Auch „Wahr-Falsch-Listen" oder *questionnaires à choix multiple* zum Ankreuzen sind denkbar.

Im Rahmen einer Vertiefungsphase nach dem Hören werden für das eben gehörte Chanson die Stimme, die Interpretation durch die Sängerin, der Rhythmus sowie die instrumentale Begleitung beschrieben und analysiert. Die lineare narrative Struktur findet sich auf Text- und Musikebene wieder: Eine Expositionssituation – „ein Schrank voller unterschiedlichster Kleidungsstücke und trotzdem nichts anzuziehen" – zu Beginn wird in Variationen durchgespielt. Die Protagonistin zieht sich mehrfach um. Dies wird in ein rhythmisches Raster eingebettet, auf der Textebene durch Wiederholungen gegliedert und mit exakten Zeitangaben versehen. Die Unentschlossenheit der Protagonistin endet dramatisch. Sie verlässt das Haus in wenig attraktiven Kleidungsstücken. Die Dynamisierung der Melodie, die Steigerung im Sinne eines Crescendo zum Ende des Chansons, sollte für die Interpretation erarbeitet werden.

Im Anschluss bieten sich weitere Aufgaben an: Unter verschiedenen Textzusammenfassungen wird begründet die korrekte ausgewählt. Neue Strophen, die Elisabeths Verzweiflung bei der Wahl der geeigneten Kleidung deutlich machen, können geschrieben werden. Das Chanson kann in ein Drehbuch verwandelt werden, anschließend drehen die Schüler einen Videoclip; alternativ verfassen sie einen fiktiven Eintrag in Elisabeths Tagebuch, um nur einige Alternativen zu nennen. Für das Fach Musik wäre im Falle einer Zusammenarbeit der Fachlehrkräfte ggf. sogar die Komposition von Variationen der Melodie mit neuen Texten möglich.

In die Sachtextarbeit zum Thema Stadtentwicklung und -planung versus Mensch bzw. *il rapporto uomo-ambiente e le conseguenze dell'urbanesimo* im Fach Italienisch bietet sich die Integration des Liedes *Il ragazzo della Via Gluck* in den Unterricht an.

Fächerübergreifend kann hier ein weiterer lyrischer Text zum Einsatz kommen, *Im Schatten der Hochhäuser* von Jürgen Becker, der im gleichen Kontext interpretiert wird. Es ist sicher kein Zufall, wenn der Psychoanalytiker Alexander Mitscherlich (1908-82) in einem 1965 erschienenen Bändchen zum Thema „Stadt" zwei Essays veröffentlicht, beide seinerzeit viel diskutiert und immer noch aktuell, *Die Unwirtlichkeit unserer Städte* sowie *Großstadt und Neurose*. Ohne Textkenntnis wird man den programmatischen Überschriften entnehmen, worum es geht (vgl. Siekmann 1998, 53), nämlich Gefährdungen aufzuzeigen, die die Siedlungs- und Wohnungsform der modernen Stadt für den Einzelnen mit sich bringen, von der „Unwirtlichkeit", die ihn dort nicht recht zu Hause sein lässt, bis hin zur seelischen Beschädigung, die die moderne Stadt möglicherweise mit verursacht.

Literatur und Sachtextarbeit bedeutet die Integration von Sach- und Spracharbeit. Lidia Costamagna schlägt zum *Ragazzo della via Gluck* neben einem Wahr-Falsch-Raster und einem Lückentext folgende Übungen vor, die die Sprachkompetenz effektiv trainieren sollen:

Um die üblichen Fragen nach schwierigen Vokabeln zunächst zu entlasten, werden Synonyme zugeordnet, die die Erschließung erleichtern sollen. In einem zweiten Schritt sollen Sätze mittels Multiple Choice Aufgaben erklärt werden, z.B.:

Passano gli anni, ma otto son lunghi... però quel ragazzo ne ha fatta di strada:

a: sono passati otto anni e quel ragazzo ha fatto carriera
b: quel ragazzo ha camminato molto durante questi otto anni
c: il ragazzo lavora da otto anni in un'impresa che costruisce strade

---

Schließlich kann die direkte Rede des Texts in die indirekte transferiert werden. Zusammenfassend ist festzuhalten, dass sich Musikproduktionen in vielfältiger Weise in den FSU integrieren lassen. In der ersten Spracherwerbsphase kann mit ihrer Hilfe z.B. Wortschatzarbeit zu alltäglichen Situationen geleistet werden, für fortgeschrittene Schüler in der Sekundarstufe II bereichern diese Produktionen die Literatur- und Sachtextarbeit, auf allen Ebenen des Spracherwerbs ist also Sach- und Spracharbeit möglich.

Als motivierendes Medium unterstützen sie – häufig eingesetzt und methodisch sinnvoll aufgearbeitet – neben einer Erweiterung des Weltwissens entscheidend die Schulung der kommunikativen und interkulturellen Kompetenzen.

Aufgaben

1. Sehen Sie sich bei Youtube oder auf der beiliegenden CD zu FSU Frz 81/82 (2006) den Videoclip zu Thomas Fersens *Je n'ai que deux pieds* an. Erarbeiten Sie einen Unterrichtsvorschlag dazu und integrieren Sie dabei Mouloudjis *J'ai le mal de Paris*[59].
2. Bereiten Sie eine Präsentation des Kapitels 7 aus *L'italiano con le canzoni* zu Carmen Consolis *In bianco e nero* vor. Wie könnte man Consolis *canzone* thematisch mit Eros Ramazottis *Ciao Pà* verbinden?
3. Begründen Sie den Einsatz der *canciones Somos más americanos* von Enrique Valencia und *América* von Enrique Franco (vgl. Nonnenmacher 2009, 90ff) im Spanischunterricht.

---

[59] http://www.frmusique.ru/texts/m/mouloudji_marcel/jailemaldeparis.htm.

6. Aktuelle Entwicklungen der Fremdsprachendidaktik

In der fachdidaktischen Forschung gibt es aktuell verschiedene Schwerpunkte. Um erste Einblicke in mögliche Themen zu gewähren, die für Abschlussarbeiten an der Universität aufgegriffen und intensiv bearbeitet werden können, sollen ausgewählte Aspekte dazu in diesem Kapitel vorgestellt werden, d.h., zum frühbeginnenden Fremdsprachenunterricht, zur sprachübergreifenden Didaktik sowie zu Varietäten im Unterricht werden didaktisch-methodische Überlegungen bzw. Ergebnisse aus einem Unterrichtsversuch beschrieben.

Zu weitern Themen, die im Rahmen dieses Arbeitsheftes nur kurz angerissen werden können, – Bildungsstandards, BILI, „neue Medien" mit E-learning und empirische Unterrichtsforschung – kann die im Folgenden genannte, einführende Literatur gesichtet werden.

Lehrpläne als additive Stoffsammlungen (vgl. FD FRZ, 83) sind in den letzten Jahren durch Kernlehrpläne bzw. Kerncurricula und Bildungsstandards ersetzt worden, die sich am GER orientieren. Sie sind kompetenzorientiert, d.h. auf Schülerseite erlangte Fertigkeiten sollen durch sprachlich-kommunikative, interkulturelle, soziale, instrumentelle und Methodenkompetenzbeschreibungen messbar werden. Die Kompetenzorientierung wird durchaus kritisch reflektiert, da bildungsrelevante Inhalte als solche nicht mehr ohne Weiteres in den curricularen Vorgaben aufzuspüren sind (vgl. Rössler 2008a). Auch die Konzeption von Aufgaben zur Überprüfung der Kompetenzen gestaltet sich mitunter schwierig, denn sprachliches Handeln umfasst nahezu immer mehrere Fertigkeiten, isoliertes Abprüfen von Kompetenzen ist selten möglich.

Im bilingualen Sachfachunterricht wird ein Sachfach, in der Regel Geschichte oder Geographie, seltener Sport, Mathematik oder Biologie, in einer Fremdsprache unterrichtet. Es existieren entweder Angebote, bei denen die Sachfächer ggf. mit intensiverem Fremdsprachenunterricht in den ersten Lernjahren über die gesamte Schulzeit im Klassenzug in eben dieser Fremdsprache unterrichtet werden, oder sogenannte bilinguale Module, bei denen nur bestimmte Unterrichtseinheiten – gewissermaßen als Projektunterricht – die oben beschriebene Fremdsprachen-Sachfach-Kopplung aufweisen.

Im mehrsprachigen Europa ist diese Vernetzung fremdsprachlichen Lernens mit konkreten Inhalten zu begrüßen. Historisch-soziale oder auch naturwissenschaftlich-mathematische Fakten werden aus der eigen- und der fremdkulturellen Perspektive betrachtet. So wird interkulturelles Lernen möglich.

Jedoch erfordert die Planung und Durchführung von BILI besondere methodische Implikationen: Fach- und Allgemeinsprache müssen sinnvoll dosiert, Inhalte und die notwendigen sprachlichen Mittel sollten häufig z.B. mittels Lernplakat visualisiert und gesichert werden. Arbeitsmaterialien, in vielen Themenbereichen ein Desiderat, verdienen bei der Erstellung besondere Sorgfalt.

Im Bereich der neuen Medien und des E-learnings erfährt der Fremdsprachenunterricht aktuell vielfältige methodische Erweiterungen. Das Internet bietet zahlreiche Zugriffs- und Recherchemöglichkeiten, es gibt unterschiedlichste Lernsoftware und die weltweite Kommunikation kann über das Netz (Chats, E-Mails, Netzplattformen etc.) neu gestaltet werden. Neue Unterrichtsformen wie *blended learning* – die Kopplung traditionellen Kursunterrichts mit begleitendem Netzkontakt aller Beteiligten – sind entstanden. Diese aktuellen prozessorgesteuerten (vgl. FD FRZ, 145ff) Medien im Unterricht sind attraktiv, da sie ein wichtiger Bestandteil der Schülerrealität sind, denn sie können motivierend wirken. Es ist auch deshalb besonders wichtig, den kritischen Umgang mit diesen Medien zu schulen. Es müssen hierbei sowohl die herausragenden Vorteile, als auch die Gefahren und Probleme thematisiert werden, um soziale und methodische Kompetenzen der Schüler zu erweitern.

Gerade für die Praxisphasen ist empirische Unterrichtsforschung wichtig. Grundsätzlich muss dabei qualitative und quantitative Forschung unterschieden werden. „In der qualitativen Forschung werden verbale bzw. nicht numerische Daten interpretativ verarbeitet, wohingegen in der quantitativen Forschung Messwerte statistisch analysiert werden. Viele Forschungsprojekte kombinieren beide Herangehensweisen (MethodenTriangulation)" (FD SPA, 81). Häufig werden Erstellung und Einsatz von Beobachtungsbögen für die Hospitationsphasen gefordert. Diese Instrumente müssen sinnvoll konzipiert, die Gültigkeit ihrer Auswertung richtig eingeschätzt werden.

Aufgaben

Sichten Sie die hier unten aufgeführte Fachliteratur (vgl. Literaturverzeichnis) und notieren Sie die Aspekte, die Sie interessieren und die Sie vertiefen möchten:
1. Zum Thema Bildungsstandards: Bausch/Burwitz-Melzer/Königs/Krumm 2009; Bechtel/ Roviró 2010; aus FSU Frz: 88 (2007): Bildungsstandards anwenden, 100 (2009): *Viv(r)le français! –* Kompetenzen fördern, Kultur vermitteln, 104 (2010): Evaluieren und Tests, aus FSU Spa: 28 (2010): Individualisierung sowie Rössler 2008a.
2. Zum Thema BILI: Abendroth-Timmer 2007, Breidbach 2002, Caspari/Hallet/Wegner/ Zydatiß. 2007, FSU Frz 9 (1993), Helbig 2001, Mentz 2004, Rottmann 2006 und Thiele 2010a.
3. Zum Thema „neue Medien" mit E-learning: FSU Frz 87 (2007): *Austausch: reell - virtuell – interkulturell* und 106 (2010): *Le français en ligne* sowie FD FRZ 145-166 (Kapitel 6.3, Neue Medien und E-learning).
4. Zum Thema empirische Unterrichtsforschung: FD SPA 81f (Kap. 2.2.2), Helmke 2009, Hauser/Humpert 2009 sowie Kraus 2009.

6.1 Frühbeginnender Fremdsprachenunterricht

Bereits in der Grundschule[60] wird aktuell die erste Fremdsprache gelernt, in der Regel ist dies Englisch, Französisch wird in Gebieten nahe der französischen Grenze angeboten, Italienisch und Spanisch bilden die Ausnahme.

Die folgenden spezifischen methodischen Verfahrensweisen im Rahmen des frühbeginnenden Fremdsprachenunterrichts in der Primarstufe können festgehalten werden:

Kinder schätzen den Umgang mit Sprache, sie mögen Rollenspiele, sind spontan, singen gern, lernen leicht durch Nachahmung und sind wissbegierig, in der Regel also intrinsisch motiviert, Neues zu lernen. Daraus ergeben sich Konsequenzen für die Planung und Durchführung von FFU:

Es bietet sich im affektiven Kontext an, eine Identifikationsfigur in den Unterricht zu integrieren. Häufig wird dies eine Handpuppe oder Plüschtier sein. Diese Puppe spricht und singt in der Zielsprache im Unterricht, sie spricht mit den Kindern über Themen, die sie interessieren: Sie begrüßt alle Schüler, sie stellt sich oder andere vor, spricht über Familie, Freunde und Haustiere, über Freizeitbeschäftigungen usw. Jede Stunde beginnt sie mit einem Ritual, einer speziellen Begrüßung oder mit einem besonderen Lied.

Im weiteren Stundenverlauf ist es wichtig, Lernangebote zu machen, die alle Sinne ansprechen. Ganzheitliches Lernen steht im Vordergrund. Die neue Sprache wird gehört, gesprochen, gefühlt, gerochen bzw. geschmeckt. Letzteres lässt sich über kleine kulinarische Lernsequenzen einbinden, in denen charakteristische Speisen der Zielkultur zubereitet und gegessen werden: So wird hier auch das Tasten bzw. Fühlen berücksichtigt, nämlich wenn die Zutaten verarbeitet werden.

Tasten spielt z.B. bei Bastelaufgaben eine Rolle: Unterrichtsinhalte werden auf diese Weise kreativ unterstützt. Es ist ebenfalls denkbar, mit geschlossenen Augen Konturen von Tierschablonen zu erfühlen und zu erraten, während das zielsparchliche Vokabular verwendet wird, um nur einige Beispiele zu nennen. Beim künstlerischen Gestalten aber auch beim Kochen wird fächerübergreifend gelernt.

Für das Lese- bzw. Hörverstehen bieten sich viele spielerische Möglichkeiten an. Gelesenes oder Gehörtes sollte gezeichnet werden, wie hier im Anschluss in Aufgabe 3, da die mündliche Sprache im Vordergrund steht.

Für das Lesen ist das Schriftbild der Zielsprache allerdings relevant, so dass es nach sehr intensiver mündlicher Spracharbeit auch präsentiert werden kann, dann aber mit dem Ziel einer passiven Kompetenz, die sich zunächst auf das Wiedererkennen von Wörtern beschränken soll. Formen der Kognitivierung regelhafter Zusammenhänge sind im Primarbereich zurückzustellen. Imitation, Wiederholung, Handlungsorientierung,

---

[60] Zur historischen Entwicklung des FFU ab den 1960er Jahren vgl. FD FRZ, 90f.

Spiele[61] und die Förderung sozialer Kompetenzen sollen im Zentrum des FFU stehen. Jede Stunde sollte auch mit einem Ritual der Verabschiedung schließen.

Die Forderungen für diesen Unterricht der Primarstufe sind – wenn auch mit Abstrichen – durchaus noch für den Unterricht in Klasse 5 bzw. 6 entscheidend. Gerade imitative und ludische Elemente können Lernerfolge auch in dieser Altersstufe sichern.

"Wer früh beginnt, kommt weiter", wenn bestimmte Voraussetzungen gegeben sind: ein reicher, sprachlich korrekter Input, eine Motivation schaffende und erhaltende Lernumgebung sowie ein Sprachencurriculum, das die Kontinuität des Lernprozesses bis in die Sekundarstufen I und II aufrechterhält (FD FRZ, 93)[62].

Aufgaben

1. Lesen Sie den Artikel zum FFU von Leonora Fröhlich-Ward im HB FSU.
2. Wenn Sie Französisch studieren, lesen Sie den Text *L'enseignement du FLE aux jeunes enfants* zum FFU, den Sie über den Button „Zusatzmaterialien" zu diesem Arbeitsheft auf der Verlagshomepage finden, und erstellen dann einen Vokabelkatalog zu den wichtigsten Aspekten in diesem spezifischen Bildungsgang.
3. Auch wenn Sie Spanisch oder Italienisch studieren, lesen Sie den Text *L'enseignement du FLE aux jeunes enfants* zum FFU, den Sie über den Button „Zusatzmaterialien" zu diesem Arbeitsheft auf der Verlagshomepage finden, und erstellen eine Schlagwortliste zum FFU in ihrer Zielsprache. Sie können so in Vorbereitung auf Kapitel 6.2 ihre interromanische Lesekompetenz testen.
4. Sichten Sie den FSU Frz 94 (2008): *Französisch ab Klasse 6* und den FSU Spa 15 (2006): *Spielen.*

---

[61] Um Lexik spielerisch zu erarbeiten, sind u.a. Sticker-Bücher empfehlenswert, z.B. von Bélineau (2003) bzw. Olivier/Hauzy (2002) und Olivier/Tonni (2002).

[62] Dies setzt voraus, dass alle Lehrkräfte, die in den Primarstufenunterricht eingebunden sind, die entsprechende Zielsprache studiert haben, in Bezug auf den frühen Fremdsprachenerwerb spezifisch ausgebildet wurden und regelmäßigen Kontakt zu allen weiterführenden Schulen halten, um der eingeforderten Kontinuität des Lernprozesses gerecht werden zu können.

5. Gestalten Sie mithilfe der folgenden Skizze und den entsprechenden Übersetzungen der Aufgabenstellung und der deutschen Sätze unten in Ihre Zielsprache ein mögliches Arbeitsblatt für den FFU, mit dem die Lesekompetenz trainiert werden kann. Alternativ könnte im Unterricht auch die auditive Kompetenz gefördert werden, wenn die entsprechenden Sätze vorgelesen werden.

Vervollständigt die Zeichnung:

Links vom Baum befindet sich eine Katze.

Die Katze ist grau.

Die Sonne scheint.

Unter dem Baum liegen fünf rote Äpfel.

Rechts vom Baum spielt ein Kind Ball.

Um die Katze herum sieht man sehr viele Blumen.

Die Blumen sind rot, weiß, gelb und grün.

---

6. Für die Zielsprache Französisch: Vergleichen Sie die Lehrwerke *Rénette* und *Tatou le Matou*. (vgl. Tanguy 2002 bzw. Piquet/Denisot 2002). Bereiten Sie die Präsentation der Ergenbisse vor, stellen Sie dabei auch Hörtexte vor.
7. Für die Zielsprache Italienisch: Sehen Sie sich den *PONS Sticker-Wortschatz Italienisch – Im Urlaub* an (vgl. Olivier/Tonni 2002). Zeigen Sie Perspektiven und Grenzen für den Einsatz dieses Materials im FFU auf.
8. Für die Zielsprache Spanisch: Analysieren Sie das Spanisch-Lehrwerk (vgl. Russo/Vázquez 2006) für Kinder *A la una, a las dos, a las tres*. Bereiten Sie Ihre Ergebnisse als Präsentation vor.

6.2 Sprachübergreifende Didaktik

Der Terminus „Mehrsprachigkeitsdidaktik" erscheint – gekoppelt mit weitern Begriffen wie „bilingualer Unterricht", „Tertiärsprachenerwerb" oder *language awareness*, um nur einige zu nennen – seit etwa 12 Jahren regelmäßig in der Fachliteratur. Ein vollständiger Überblick über die zahlreichen Forschungsleistungen und -arbeiten[63] soll an dieser Stelle nicht erfolgen. Gewissermaßen nach einer didaktischen Reduktion des Themas werden hier der Sprachvergleich im gymnasialen Fremdsprachenunterricht, seine Perspektiven und Grenzen aufzeigt. Einen Schwerpunkt bilden dabei methodische Vorgehensweisen für den Italienisch- bzw. Spanischunterricht, die den Sprachvergleich thematisieren, wenn Latein und/oder Französisch vorgelernt wurden.

Aufgabe zum Einstieg

1. Erinnern Sie sich an Spracherwerbssituationen hinsichtlich einer Tertiärsprache: In welchen Fällen haben Sie auf bereits gelernte Sprachen zurückgegriffen?

Als Romanist/Romanistin fühlt man sich den Forschungen zur Mehrsprachigkeit besoders verbunden, liegt dies doch in der Natur des Faches, das in der Regel eine Beschäftigung mit mindestens zwei romanischen Sprachen neben soliden Kenntnissen der englischen und lateinischen Sprache verlangt. Man beginnt – quasi einem Automatismus folgend – die Sprachen miteinander zu vergleichen, besonders im Hinblick auf die eigene Sprachkompetenz, und studiert u.a. Lehrwerke, die diesen plurilingualen Ansatz berücksichtigen. Sehr schnell ist festzustellen, dass dieses Forschungsgebiet im romanistischen Rahmen bereits sehr lange existiert. So befinden sich in der Herzog-August-Bibliothek Wolfenbüttel zahlreiche Sprachlehrwerke aus dem 17. Jahrhundert, die sich nicht nur dem Erwerb einer Sprache widmen: die *Grammatica per imparare le lingue italiana, francese e spagnola / Grammaire pour apprendre les langues italienne, françoise et espagnole* von Antonio Fabro bzw. Antoine Fabre aus dem Jahre 1656 oder die *Gramática, o instrucción española y alemán* von Nicolas Mez de Braidenbach in einem Originaldruck von 1666. Diese Sprachlehrwerke sind mit aktuellen Lehr- und Lernmaterialien nicht zu vergleichen, obwohl durchaus interessante Aspekte wie eine mehrfarbige Signalgrammatik schon ihren Platz finden. Zur Planung und Durchführung des modernen Fremdsprachenunterrichts jedoch wird man sich auf die in der erwähnten Nieweler-Bibliographie verzeichneten Arbeiten konzentrieren müssen.

Die Berücksichtigung der Mehrsprachigkeitsdidaktik im Rahmen des Fremdsprachenunterrichts kann vielfältig begründet werden: Der Europarat und die Europäische

---

[63] Sehr ausführlich informiert in diesem Zusammenhang der Basisartikel mit Auswahlbibliographie von Andreas Nieweler in FSU Frz Heft 49 (2001, 4-13).

Union fordern die Erziehung zur Mehrsprachigkeit, d.h. die Erziehung der Europäer für die „europäische Bürgergesellschaft", die Kenntnisse in mehreren Sprachen zu ihren Qualifikationen zählen soll.

In Deutschland äußerte sich die ständige Konferenz der Kultusminister der Länder [...] im Jahre 1994 folgendermaßen: „Das Lernziel der Zukunft ist auf Mehrsprachigkeit gerichtet" (Beschluss der Kultusministerkonferenz vom 7.10.1994) (Christ 2002, 13).

Die Begegnung mit Sprachen soll ermöglicht, die interkulturelle Erziehung gefördert, eine ethnozentristische Sichtweise hingegen verhindert werden (vgl. Nieweler 2001a, 6f).

Eine Studie zum Wortschatz romanischer Sprachen beim Tertiärsprachenerwerb von Johannes Müller-Lancé aus dem Jahr 2006 belegt, dass erwachsene germanophone Fremdsprachenlerner, die jeweils über 4-5 Sprachen, die Muttersprache eingeschlossen, verfügen, diese für Transfer und Assoziationen sinnvoll nutzen können. Bei Gymnasialschülern ist dieses Sprachwissen bereits angelegt, wenn auch unter Umständen weniger umfassend. Im Sinne der Lernökonomie sollten diese Ressourcen genutzt werden: Schüler müssen nichts doppelt lernen, wenn sie es aus bekannten Zusammenhängen ableiten können.

Fließt die Sprachbegegnung, der Sprachvergleich in die heutige Unterrichtsorganisation ein, geschieht dies hinsichtlich zweier zentraler Komponenten, d.h. des Wortschatz- und Grammatik- bzw. Strukturerwerbs. Es ist zunächst festzustellen, welche Sprachen von der Zielgruppe bereits gelernt werden, um dann Kontrastivdaten in Bezug auf die neu zu erlernende Sprache zu ermitteln.

Diese Ausführungen basieren auf der Analyse einzelner Fallstudien zum Transferpotential im gymnasialen FSU. Die Probanden, in der Regel Schüler der Klassen (9-11) verschiedener niedersächsischer und nordrhein-westfälischer Gymnasien, verfügen über erste Grundkenntnisse der lateinischen und/oder französischen Sprache, die sie etwa 2-4 Jahre lernen. Sie erwerben als weitere Tertiärsprache jetzt Italienisch bzw. Spanisch. Englischkenntnisse sind im Rahmen der Fallstudien nur auf Schülerimpuls hin oder in Ausnahmefällen (indirekte Rede und Bedingungssätze, s.u.) in den Unterricht einbezogen worden, nicht aber in die Materialkonzeption zum gesamten Projekt. Deutsch, Englisch und Französisch bilden aus syntaxtypologischer Sicht den zentraleuropäischen Sprachbund. Dabei handelt es sich um geographisch benachbarte Sprachen, die genetisch nicht oder nur marginal verwandt sind. Durch wechselseitige Beeinflussung weisen sie Konvergrenzerscheinungen auf, „die sie strukturell eindeutig von anderen benachbarten und/oder genetisch verwandten Sprachen abgrenzen" (Bußmann 2008, 698). Italienisch und Spanisch unterscheiden sich in dieser Hinsicht fundamental von den genannten drei Sprachen. Eine ausreichende Anzahl an Transferbasen bieten die Muttersprache (mindestens Verkehrssprache) Deutsch und Französisch, eine erneute starke Einbindung des Englischen ist auch deshalb zu überdenken, da diese Sprache fast flächendeckend bereits in der Grundschule gelernt wird und sehr viel Unterrichtszeit eines Schülers in

Deutschland in Anspruch nimmt. Auf ausgewählte wichtige Vergleichsaspekte darf jedoch nicht verzichtet werden.

Folgende Überlegungen sind der Planung des gymnasialen FSU, der den Sprachvergleich berücksichtigt, voranzustellen:

Für den Wortschatzbereich müssen Vergleichsdaten seitens des Lehrers möglichst umfassend überschaut werden. Die Präsentation einer entsprechenden Liste führt an dieser Stelle zu weit, es sei nur auf zahlreiche Hilfsmittel zum Erwerb von Wörtern verwiesen, die die Problematik der „falschen Freunde" neben den sehr häufigen sinnvollen Analogien deutlich machen, d.h. das Hauptproblem der negativen bzw. positiven Interferenz thematisieren. Michael Mader führt zur Transferbase Latein folgendes aus:

> Trotz der langen Entwicklung haben die meisten Wörter die Bedeutung der lateinischen Wurzel im Wesentlichen bewahrt. Etymologische Entsprechungen sind allerdings semantisch oft nicht deckungsgleich mit dem Lateinischen, d.h. es handelt sich, was die Bedeutung angeht, häufig nur um nahe Verwandte, nicht um Gleichungen. Einige neusprachliche Wörter haben im Vergleich zum antiken Latein durch Bedeutungswandel, Bedeutungsverengung oder Bedeutungserweiterung eine so erhebliche Verschiebung erfahren, dass vor einem irreführenden Transfer zu warnen ist: z.B. *civitas, -atis f* Bürgerecht; Bürgerschaft, Staat, Stadt (als Inbegriff sämtlicher Bürger) [–] ital. *la città*, span. *la ciudad*, franz. *la cité*, engl. City (Mader 2005, 10).

Er warnt in diesem Zusammenhang auch vor weiteren „falschen Freunden", vor Wörtern zweier oder mehrerer Sprachen, die aufgrund gemeinsamer Etymologie die gleiche oder eine ganz ähnliche Form haben, so dass Lerner häufig glauben, sie bedeuteten auch dasselbe. Als Beispiel führt er *libreria* im Ital. und *librería* Span. sowie *librairie* im Franz. in der Bedeutung „Buchhandlung" an, zurückgehend auf *liber, -bri m* (Buch), die nicht mit engl. *library* (Bibliothek) vernetzt werden dürfen. Dieser Übertragungsfehler wäre auch ohne Kenntnis der lateinischen Wurzel möglich.

Die beiden genannten Abweichungen können zu Missverständnissen führen. Sie spielen aber statistisch, gemessen an zahlreichen etymologischen Erschließungsmöglichkeiten, eine untergeordnete Rolle (vgl. Mader 2005, 11).

Im Unterricht erweist sich der positive Transfer im Vokabelbereich beim Erkennen von Bedeutung und beim Lernen eines Wortes als besonders wichtig. Die korrekte Herleitung hingegen ist oft kaum möglich, da die Schüler bestimmte Sprachentwicklungsstufen vom Lateinischen zu den heutigen romanischen Sprachen nicht überschauen können bzw. – und das ist in vielen Fällen entscheidend – die lateinische Wurzel noch gar nicht gelernt haben. Häufig verfügen auch die Lehrenden nicht über ausreichende etymologische Kenntnisse.

Die Lerner können allerdings aufgrund orthographischer Ähnlichkeit von Wörtern zweier oder mehrerer Sprachen ihre Texterschließungsstrategien trainieren und sich deren Bedeutung mittels Vernetzung besser merken. Dazu sollten sie im Unterricht regelmäßig aufgefordert werden, um das Leseverstehen effektiv und zeitökonomisch zu gestalten.

Lernen Schüler Latein, kann man im Fremdsprachenunterricht sehr viel Zeit gewinnen: Sie beherrschen die Terminologie hinsichtlich grammatischer Kategorien und haben Einblicke in syntaktische Strukturen, die beim Erwerb romanischer Sprachen von Vorteil sind. Einzelnen ist sogar der Aspekt der Vergangenheit vor allem bezüglich des Inzidenzschemas bekannt. Durch sprachentwicklungsbedingte große Ähnlichkeiten zwischen den romanischen Sprachen ist festzuhalten, dass im grammatisch-strukturellen Bereich das Französische von den Lernern als Vergleichssprache bevorzugt wird. Das Lateinische hingegen ist im Hinblick auf das Romanische eher beim Wortschatzerwerb hilfreich.

Eine Auswahl der wichtigsten Kontrastivstrukturen ausgehend vom Französischen in Bezug auf Italienisch bzw. Spanisch, für die häufige positive bzw. negative Interferenzen bei den Probanden festgestellt wurden, sollen an dieser Stelle noch einmal[64] kurz skizziert werden.

Der Teilungsartikel wird systematisch im Italienischen nach französischem Muster von den Probanden verwendet, sobald sie die einzelnen Formen der Präposition *di* + Artikel beherrschen. Keinesfalls ist das System der beiden Sprachen deckungsgleich, was zusätzlich die Mengenangabe mit *di/de* + Substantiv, die alle drei Sprachen kennzeichnet, suggeriert.

Die Stellung und Flexion der Adjektive bereitet keinerlei Schwierigkeiten, gerade im Bereich der Farbadjektive kann auf Parallelen, u. a. im Hinblick auf die Unveränderlichkeit, zurückgegriffen werden.

Die Verwendung des Artikels im Italienischen bei Possessivadjektiven muss beachtet werden, vor allem was Ausnahmen im Zusammenhang mit den Verwandtschaftsbezeichnungen betrifft. Der Regelerwerb zur dritten Person Singular im Italienischen, die keine unterschiedliche Form hinsichtlich des Besitzers aufweist, sich aber nach dem Beziehungswort richtet, ist aus dem Französischen bekannt und kann als Analogiehilfe beim entdeckenden Lernen eingesetzt werden. Im Spanischen entfällt diese Unterscheidung, da maskuline und feminine Form identisch sind.

Für das Französische gibt es Stellungsregeln mehrerer Klitika hinsichtlich ihrer Abfolge im Satz, die so genannte Fähnchenregel[65], die für Spanisch in ähnlicher Form erstellt werden kann. Die Kombination von Klitika, die senkrecht untereinander stehen, ist nicht möglich. Im Italienischen gestaltet sich eine Reihung etwas komplizierter, kann aber mit dieser Fischgraphik visualisiert werden:

---

[64] Vgl. Kapitel 2.

[65] Man kann die Klitika in einer Darstellung auflisten, deren Form an ein Fähnchen erinnert:

me			
te	*le*	*lui*	
se	*la*	*leur*	*y, en*
nous	*les*		
vous			

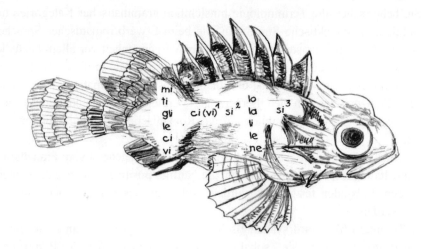

[1] Pronominaladverb [2] Reflexivpronomen [3] unpersönliche Konstruktion „man"

a)   Das indirekte Pronomen steht vor dem direkten.

b)   Kombinationen innerhalb senkrecht dargestellter Gruppen sind nicht möglich! Man weicht auf unbetontes und betontes Pronomen aus.
Mi presenta a lei.
L'abbiamo informato di questo.

c)   *si si* ⇨ *Ci si lamenta*. – Man beschwert sich.
* ci ci ⇨ *Vi ci vediamo. / Ci vediamo lì.* – Wir sehen uns dort.

d)   *Se lo dice*. - Er sagt es sich.
Lo si dice. - Man sagt es. (Das unpersönliche *si* steht immer vor dem Verb.)

e)   *Uno ci si abitua.* – Man gewöhnt sich daran. (Konstruktion mit *si* = man hier nicht möglich)

Besonders intensiv muss im Rahmen der italienischen indirekten Rede an der Umwandlung einer Futur I-Form in den Konditional II bei vorausgehendem Redeverb in einem Vergangenheitstempus gearbeitet werden, da das Englische und das Französische eine Konditional-I-Form an dieser Stelle aufweisen[66].

Nach Erarbeitung der Veränderlichkeit des Partizips im Französischen sind Lerner des Italienischen überrascht, wenn sie erfahren, dass bei reflexiven Verben grundsätzlich eine Angleichung an das Subjekt erfolgt, die Objektfunktion des Reflexiv-Pronomens also nicht geprüft werden muss. Dass die Veränderung des Partizips in den zusammengesetzten Tempora im Spanischen gar nicht existiert, wird ebenfalls positiv aufgenom-

---

[66] *Daria dice che verrà – Daria disse che sarebbe venuta.* Aber: *Daria dit qu'elle viendra – Daria a dit qu'elle viendrait.* bzw. *Daria says that she'll come – Daria said that she would come.*

men. Schwierigkeiten bereiten grundsätzlich *si-passivante/impersonale* bzw. die *pasiva reflexa*, da keine vergleichbare französische Struktur vorliegt. Die französische unpersönliche Konstruktion mit on, gekoppelt mit der *on/nous*-Komponente des gesprochenen Französisch, wird seitens der Lerner in den neuen Zielsprachen Italienisch und Spanisch vermisst.

Das Phänomen *subjonctif/congiuntivo/subjuntivo* ist hinsichtlich der Verwendungsregeln kontrastiv zu betrachten, von Vorteil ist in jedem Fall, dass dieser Modus aus dem Französischen bekannt ist und Lerner seine Existenz in anderen romanischen Sprachen vermuten. Günstig erweist sich im Falle der Kontrastierung Italienisch/Spanisch die Parallelität des Vokalwechsels: italienische Verben auf *-are* weisen das *-i-*, Verben auf *-ere* und *-ire* das *-a-* auf; spanische Verben auf *-ar* kennzeichnet ein *-e-* bzw. die Verben auf *-er* und *-ir* ein *-a-* bei den Höflichkeitsformen des Imperativs, für die der *congiuntivo presente* bzw. *presente de subjuntivo* eintritt.

Für die Bedingungssätze sei kurz auf die *congiuntivo* bzw. *subjuntivo*-Formen im Nebensatz im Unterschied zu den französischen und englischen Indikativ-Formen verwiesen.

Grundsätzliche Schwierigkeiten beim Vergleich bieten die spanischen Phänomene *ser/estar/hay*, drei vitale Vergangenheitstempora und der präpositionale Akkusativ.

Abschließend sei festgehalten, dass bei den zahlreichen Verbanschlüssen mit und ohne Präposition auf das Lernen langer Listen in allen drei Sprachen nicht verzichtet werden kann.

Nach dieser Skizze zu den wichtigsten interromanischen Transfermöglichkeiten im Rahmen des Grammatikerwerbs soll eine ausgewählte Unterrichtssequenz präsentiert werden, die Sprachvergleich ermöglicht.

Beim Erwerb grammatischer Strukturen steht das entdeckende Lernen im Vordergrund[67]. Dieser methodische Zugriff erfordert für das Unterrichtsgespräch zunächst offene Impulse (Typ: Was fällt euch auf?). Stark zielgerichtete Nachfragen dürfen nur dann eingesetzt werden, wenn die Schüler die Bildung- oder Verwendungsregel hinsichtlich des zu entdeckenden Phänomens nicht selbstständig erarbeiten können. Fragt man hinsichtlich der spanischen Grammatik *Y a-t-il des articles contractés comme en français, par exemple du/au?*, muss man mit der Schülerantwort *oui*, oder noch ungünstiger *non* rechnen. Diese sogenannten Ja/Nein/Fragen sollten dann nicht eingesetzt werden, wenn sie das kohärente Sprechen verhindern, das ein Basislernziel im Rahmen der Sprechfertigkeit im Fremdsprachenunterricht darstellt. Sollte die Lerngruppe ein Phänomen jedoch nicht entdecken können, wird man zwangsläufig auf derart kleinschrittige Nachfragen ausweichen müssen.

Ein besonders geeignetes Thema in diesem Zusammenhang ist die Vermittlung der Bildung und Verwendung des Futur I. Schüler isolieren in einem didaktisierten Text die

---

[67] Vgl. Kapitel 3.2.

Formen und stellen die Bildungsregel auf. Diese wird im Folgenden mit der französischen vergleichen. Betrachtet man – der Signalgrammatik folgend – die Endungen isoliert, kann man den Schülern einen interromanisch wertvollen Lerntipp mit auf den Weg geben. Auf eine offene Nachfrage (Woran erinnert euch dieses Paradigma?) haben die Probanden der Studien mehrheitlich die Ähnlichkeit der Endungen mit dem Präsensparadigma der Verben *avoir/avere/haber* erkannt. Die Kenntnis des lateinischen synthetischen Futurs (die Formentypen auf *-bo, -bis, -bunt* bzw. *-am, -es, -ent*) hilft an dieser Stelle nicht weiter, wohl aber ein Vergleich mit der Muttersprache Deutsch. Die umgangssprachliche Struktur „ich habe das noch zu erledigen" bedeutet unter anderem, dass etwas in der Zukunft stattfinden wird. Die Verbindung eines Infinitivs mit „haben" und einem futurischen Moment wird hier deutlich und erleichtert das Lernen des romanischen Paradigmas. Im Spanischunterricht besteht allerdings das Problem, dass *tener* im Sinne von „haben, besitzen" verwendet werden muss, die Lerner laufen Gefahr, *haber* semantisch mit *avoir* in Verbindung zu bringen und im Wortschatz einem negativen Transfer zu unterliegen.

Folgte man früher Heinrich Lausberg, der Romanisten u.a. regelmäßige Aufenthalte unter sardischen Hirten empfahl, damit ihnen die Volkskultur der Romania nicht völlig fremd bliebe,[68] könnte man heute einen kurzen Lehrervortrag zum Vulgärlateinischen (*habeo cantare*) und Sardischen (*hap'a cantai*) anschließen, jedoch nur, sofern eine überdurchschnittlich leistungsstarke und motivierte Lerngruppe Interesse zeigt und eine Erklärung einfordert.

Der Bezug zur Muttersprache Deutsch sollte in jedem Fall erfolgen. Eine Didaktik der Mehrsprachigkeit kommt nämlich nicht ohne Mutter- oder Erstsprache aus (vgl. Thürmann 2002, 29). Man muss in diesem Zusammenhang allerdings auf die sehr viel exaktere Zeitzuordnung im Französischen verweisen: Findet eine Handlung in der Zukunft statt, ist das Futur zu erwarten. Im Deutschen wird es häufig durch das Präsens ausgedrückt, besonders in Verbindung mit den entsprechenden Zeitadverbien. Mit Wandruszka sei an dieser Stelle festgehalten:

> [Die] Muttersprache [lässt sich] nicht so einfach ausschalten, sie ist Wegbegleiterin für alle weiteren Sprachen und steht ihnen gleichzeitig immer im Weg (Wandruszka 1979, 323).

Wie bereits erwähnt, wurden mehrere methodische Vorgehensweisen erprobt. Unter Berücksichtigung verschiedener Vorschläge in der Forschungsliteratur soll an dieser Stelle eine Auswahl an Lehr- und Lernmaterialien vorgestellt werden, die im Tertiärsprachenunterricht eingesetzt werden können.

Es existieren zahlreiche Vorschläge zur Wortschatzarbeit in der Literatur, viele bergen jedoch Schwierigkeiten bei einem Umsetzungsversuch in die Praxis. Ursula Behr gibt Übungen zum Thema „Schule" heraus und präsentiert die lateinischen Wörter

---

[68] Vgl. Lausberg (1969, 13): „[...] jeder Romanist sollte einen Teil seiner Zeit regelmäßig bei Hirten in den Abruzzen, in Sardinien, in den Pyrenäen, in Rumänien verbringen."

anglicus und *plumbum*. Das erste findet sich z.B. nicht im Langenscheidt-Schulwörter-buch Lateinisch-Deutsch, das Wort *anglicus* kann aber aufgrund orthographischer Ähnlichkeit erschlossen werden, bei *plumbum* hilft sicherlich das Periodensystem der Elemente aus dem Chemieunterricht weiter. Die echte Anbindung an den aus dem Lateinunterricht bekannten Wortschatz muss kritisch hinterfragt werden.

Eine Übung zur Zuordnung von Erb- und Buchwörtern eignet sich nur für sehr leis-tungsstarke Lerngruppen. Abgesehen von den hohen Anforderungen im lexikalischen Bereich, den dieser Trainingsgegenstand (vgl. Meißner 2001a, 33) an die Lerner stellt, dürfte die Terminologie Buch- bzw. Erbwort dem metasprachlichen Kontext der Sprach-wissenschaft zuzuordnen sein.

Sehr sinnvoll lässt sich das Material einsetzen, das Svenja Joosten in ihrem 2001 ver-öffentlichten Artikel *Carmen, la femme qui joue avec les hommes oder ¿cómo funciona la lengua española?* präsentiert. Mithilfe einer didaktisierten Comic-Textvorlage fällt es den Schülern leicht, folgende Strukturaspekte des Spanischen zu erarbeiten: Die Phäno-mene Artikel, Genus der Substantive, Pluralbildung, erste Präsenskonjugationsformen, ausgewählte Präpositionen und Konjunktionen, Adjektivstellung sowie Wortstellung sind problemlos zu entdecken, zu beschreiben und mit dem Französischen zu verglei-chen. Durch die Einbettung in das Rahmenthema „Beziehung" ist der Text inhaltlich stark an wichtigen Kommunikationsthemen der Schüler einer Klasse 11 angelehnt.

Der Tandembogen zu italienischen Farbadjektiven aus *Mille e un esercizio* (vgl. Heidtke/Söffker/Thiele 2001, 44), der einer Probandengruppe nach 23 Stunden Unter-richt vorgelegt wurde, ließ sich gewinnbringend nutzen. In einer sich an die zielsprach-lich durchgeführte Übung anschließenden Bewusstmachungsphase in der Muttersprache zu Kontrastivdaten haben die Lerner ohne Schwierigkeiten folgende Aspekte benannt: Interlingualer Transfer auf der Basis des Französischen fand statt bei *quindicenne, viaggio, valigie, prendere, avere bisogno, esagerare* sowie allen Farbadjektiven bis auf *celeste*. Mit der Muttersprache in Verbindung gebracht wurden *famiglia, in tinta unita, geometrici, dimenticare* und *sciarpa*. Mit dem Lateinischen wurde die Partizipialendung *-ato* und Superlativendung *-issimo* kontrastiert. Die Schüler haben mit Recht darauf ver-wiesen, dass der gelernte lateinische Wortschatz zur Erschließung der Bedeutung einzel-ner Kleidungsstücke nicht weiterhelfen könne, da sie bisher *toga* und *tunica* gelernt hät-ten und die Römer schließlich anders gekleidet gewesen seien. Kleidungsstücke und Farbadjektive gehören zum Basiswortschatz und sind deshalb für Lerner von entschei-dender Wichtigkeit, wenn sie sich in der Alltagskommunikation behaupten wollen.

Sprachproduktionsaufgaben auf Kontrastivdatenbasis sind darüber hinaus auch von Lausberg kritisch betrachtet worden.

> So ist etwa das italienische Wort *súbito* 'sofort' zwar aus dem lateinischen Wort *súbito* 'plötz-
> lich' im Laufe der Sprachgeschichte entlehnt worden. Das it. Wort hat im Lat., wie die Bedeu-
> tung zeigt, einen anderen Platz als das lat. Wort im Lat.: das gilt auch für das Erlernen der
> Sprache. Wer das It. lernt, sollte das Lat. zwar beherrschen, aber ebenso auch vergessen. Ein
> lateinisch-gemeinromanischer Mischmasch ist keine sprachliche Realität (Lausberg 1969, 12).

Wortschatzparallelen zwischen Sprachen entdecken zu können muss als methodischer
Tipp unterstrichen werden. Sprachvergleich darf nicht nur sporadisch bei der Planung
und Durchführung von Fremdsprachenunterricht eine Rolle spielen, kontrastive Sprach-
betrachtung sollte vielmehr Teil des systematischen, methodischen Handelns sein.

Für Sprachvergleich in Verbindung mit Sprachproduktion muss Ähnliches wie für
Wortbildungsaspekte gelten. Der Schwerpunkt liegt auf einer Vermittlung bzw. Bewusstmachung passiver Kenntnisse.

Es gibt aber durchaus Möglichkeiten, Analogien zwischen Sprachen hinsichtlich des
Wortschatzes, aber auch im grammatischen Bereich für die Sprachproduktion zu nutzen.
Sollten identische Strukturen vorliegen, z.B. bei der Beschreibung eines Tagesablaufs
mit gewünschter Anwendung der Partizipialkonstruktionen *dopo aver fatto qc.* und
prima di fare qc. können durch ein optisches Signal – Zeigen einer entsprechend großen
Abbildung des Eiffelturms – die französischen Strukturen *après avoir fait qc.* bzw.
avant de faire qc. institutionell ins Lernergedächtnis gerufen werden. Diese wissen bei
der genannten methodischen Vorgehensweise, dass sie jetzt „französisch denken", also
gemäß bekannter französischer Grammatik konstruieren dürfen. Eine genaue Auflistung
der Möglichkeiten mit entsprechenden Trainingsgegenständen führt an dieser Stelle zu
weit, kann aber bei einer umfassend angelegten Unterrichtsplanung unter Berücksichtigung der Mehrsprachigkeitsdidaktik eine wichtige Funktion erhalten und sollte beachtet
werden.

Im FSU, der Sprachvergleich auf verschiedenen Ebenen berücksichtigt, werden
Kompetenzen vermittelt, die zur Erreichung des Lernziels Mehrsprachigkeit (vgl. Christ
2002, 21) postuliert wurden: Die Schüler entwickeln Sprachbewusstheit, sie lernen,
quersprachig zu denken und zu betrachten, durchschauen Sprachlernprozesse und deren
Stufung, erkennen Lerntechniken und wählen daraus für den persönlichen Lernprozess
individuell aus. Sie lernen den sprachlichen Vorkenntnissen entsprechend altersgemäß,
inhalts- und sprachbezogen, motiviert entsprechend spezifischer Bedürfnisse. Sie werden in der Lage sein, mehrere Sprachen anzuwenden, adressatenbezogen sprachlich zu
handeln sowie im Adressaten den Angehörigen einer anderen Kultur zu entdecken.

Dies geschieht, wenn die Lehr- und Lernmaterialien folgende Kriterien aufweisen:
Die Inhalte sollen sich an Interessen und Kommunikationsbedürfnissen der Lerner orientieren. Die Aufgaben im Rahmen des Sprachvergleichs müssen entdeckendes Lernen ermöglichen, also prinzipiell von der gesamten Lerngruppe lösbar sein. Kontrastivdaten
sollen auf tatsächlich gelernten Wortschatz und erworbene Strukturen rekurrieren, die
entsprechenden Unterrichtsphasen können deshalb zeitökonomisch durchgeführt werden
und verhindern bloßes Spekulieren über mögliche Analogien und Transferbasen. Alle

Texte und Übungen müssen zum Lehrplan und zu den Lehr- und Lernzielen passen. Mehrsprachigkeitsdidaktik „mal eben zwischendurch" bzw. „in der letzten Stunde vor den Ferien" unterstützt keinesfalls den effektiven, zielgerichteten Fremdsprachenerwerb, sie muss ein fester Bestandteil vieler Stunden werden.

Im Fremdsprachenunterricht muss der Vergleich zwischen der Muttersprache und weiteren Sprachen verankert und die kontrastive Grammatik stärker in Lehrwerken, die häufig mehrsprachige Vokabelverzeichnisse, jedoch stark bis ausschließlich zielsprachlich orientierte grammatische Beihefte aufweisen, berücksichtigt werden. Sprachvergleich sollte zudem eine wichtigere Rolle in den Übungen spielen. Eine intensivere fächerübergreifende Zusammenarbeit wird bereits bei der Lehrwerkkonzeption erforderlich sein.

Lerner müssen motiviert werden, in verschiedenen Sprachen zu denken. Dabei könnte es sinnvoll sein, gegenüber Normverstößen auf Schülerseite eine größere Toleranz walten zu lassen, wenn das Ziel der Kommunikationsfähigkeit gewährleistet bleibt.

Eine deutliche Unterrichtsorientierung hinsichtlich des erfolgreichen Einsatzes konzipierter Lehr- und Lernmittel im Hinblick auf die Beherrschung unterschiedlicher Idiome wird eine wichtige Aufgabe auf dem Weg zum mehrsprachigen Europa sein.

Alle Schüler, die in mehreren Sprachen die „Schwelle" in andere Sprachhäuser zu überschreiten gelernt haben (vgl. Christ 2002, 14), werden die an sie gestellten kommunikativen Anforderungen der Zukunft besser meistern können. Jedes Schul- bzw. Unterrichtsmodell, das bereits im Pflichtschulalter eine möglichst breite Sprachkompetenz gewährleisten kann, bietet gute Voraussetzungen für eine wirkliche Integration Europas, für die Kommunikation und Verständigung zwischen den Völkern und nicht zuletzt die besten Grundlagen für das Erlernen weiterer Sprachen (vgl. Rifesser 1994, 26). Romanisten verfügen über Kenntnisse in mehreren Sprachen, Veranstaltungen zur Mehrsprachigkeitsdidaktik können diese unter Berücksichtigung geeigneter Unterrichtsmodelle vermitteln. Es ist aus historischem und aktuellem Anlass auch in Zukunft mit Heinrich Lausberg

[...] für ein [...] Studium dieses wirklich 'europäischen' Faches [zu] werben (Lausberg 1969, 8).

Aufgaben

1. Informieren Sie sich ausgehend von Ihrer Muttersprache über „falsche Freunde" hinsichtlich der Zielsprache, die Sie studieren.
2. Lesen Sie den genannten Artikel von Svenja Joosten (2001) und reflektieren Sie die vorgestellten Übungen.
3. Entwerfen Sie Übungsmaterial, das Aufgaben vorhält, bei deren Lösung auf bereits gelernte Sprachen zurückgegriffen werden muss.

4. Informieren Sie sich über die „sieben Siebe" im Netz unter dem folgenden Link: http://www.eurocom.uni-frankfurt.de/siebe/7Siebe/BIN/index.htm.
5. Lesen Sie den englischen Text zur europäischen Mehrsprachigkeit in diachroner Perspektive (Kap. 7.6). Erstellen Sie ein mehrsprachiges Glossar zu fachdidaktischen Termini Romanisch [Ihre Zielsprache(n)] – Englisch – Deutsch.

6.3 Varietäten im Unterricht

Die Varietäten des Französischen spielen im Unterricht eher eine untergeordnete Rolle, in den Lehrwerken werden allenfalls nur Schlaglichter gesetzt. Man mag dies damit begründen, dass im Zeitalter der G8-Struktur an Gymnasien kaum Zeit bleibt, über das Standardfranzösische hinaus Varietäten zu erarbeiten. Möchte man sich trotzdem mit Varietäten im Unterricht beschäftigen, könnten dies diatopische sein, die aus regionalen oder räumlichen Differenzierungen resultieren. Schichtenspezifisches Sprachverhalten, diastratische Aspekte, aber auch diaphasische Merkmale oder situative Faktoren wie formelle und informelle Sprache sind ebenfalls denkbar.

Entscheidet man sich trotzdem für eine Erarbeitung diatopischer Varietäten des Französischen, stellt sich die Frage nach der Auswahl: Welches Französisch außerhalb Frankreichs soll es sein? Wählt man kanadisches Französisch aufgrund zahlreich vorhandener Materialien[69], wird man überlegen, was genau vermittelt werden soll: Wortschatz, grammatische Strukturen oder phonetisch-phonologische Merkmale? Informationen über *Le Québec*, seine Geographie, seine Geschichte, seine Literatur oder Kultur?

Möglicherweise helfen Überlegungen bei der Entscheidung, die das Ziel der Vermittlung einer Varietät mit anderen wichtigen Aspekten verbinden: Welche weiteren zentralen Kompetenzen können mit den gewählten Medien erworben werden?

Mit Lynda Lemays Chanson *Les maudits Français* können verschiedene Facetten des Französischunterrichts vereint werden: Hörverstehenstraining (vgl Kapitel 5.1.8), die Erarbeitung ausgewählter lexikalischer Elemente des *québécois* sowie die Interpretation des lyrischen Songtexts und somit die Förderung der interkulturellen Kompetenz: Wie sehen die *Québécois* die Franzosen und umgekehrt? Wie positionieren sich die Schüler in dieser Hinsicht? Kennen sie vergleichbare Situationen z.B. im deutschsprachigen Raum Europas?

Das Internet hält außerdem interessante methodische Zugriffsmöglichkeiten auf diese kanadische Musikproduktion bereit, so dass zusätzlich die Medienkompetenz in diesem Bereich geschult werden kann. Musik und Internet als wesentliche Komponenten des

---

[69] Manfred Overmann hat in seinem Buch *Histoire et abécédaire pédagogique du Québec avec des modules multimédia prêts à l'emploi* (2009) eine Fülle an Informationen und Material – ergänzt durch zahlreiche Verweise im Netz – zusammengestellt, so dass für eine Aufarbeitung des Französischen in Kanada keinesfalls zu wenige Zugriffsmöglichkeiten im Unterricht bestehen, sondern die Lehrenden vielmehr die „Qual der Wahl" haben.

Schüleralltags können bei der Beschäftigung mit frankophoner Kultur außerhalb des *Hexagone* im Französischunterricht motivierend wirken.

Von den im Unterricht häufig zu beobachtenden Verfahrensweisen, die in Kapitel 5.1.8 vorgestellt wurden, soll bei der Erarbeitung von *Les maudits Français* abgewichen und eine Alternative vorgehalten werden.

In der Oberstufe oder Sekundarstufe II spielen nach der Lehrwerkarbeit Literatur und Sachtexte eine zentrale Rolle. In einem Oberstufenkurs soll zunächst ein Sachtext, der Artikel *Pas de français unique!*, aus der Lernzeitschrift *Revue de la presse (avril 2002)*[70] analysiert werden. In Vorbereitung auf eine Doppelstunde lesen die Schüler zu Hause den Text, markieren wichtige Informationen und machen sich Notizen dazu.

Zu Beginn der Folgestunden werden die Notizen versprachlicht, somit wesentliche Textaussagen zur *francophonie* und zu den Charakteristika der Varietäten vorgetragen. Das kanadische Französisch als ein Schwerpunkt des Texts wird eine wichtige Rolle spielen.

Es ist denkbar, einer Lerngruppe nach dieser ersten Erarbeitungs- bzw. Sicherungsphase Lynda Lemays Lied ohne direkte Vorentlastung in Bezug auf den Text bzw. den Inhalt ggf. zweimal zu präsentieren, um anschließend zu fragen, was verstanden wurde.

Die Schüler können allerdings nach der Sensibilisierung für das Thema *francophonie* durch die Hausaufgabe vermuten, dass es sich um eine Varietät des Französischen handelt. Sie könnten auch aufgrund von Schlüsselwörtern (*igloo, caribou, skidoo, traîneau à chiens*) erschließen, dass es sich um Kanada handeln könnte.

Nach diesem Brainstorming soll das Textverständnis erweitert und gesichert werden. Hierzu kann ein methodischer Zugriff im Bereich Einsatz neuer Medien ermöglicht werden, sofern mindestens zwei Schüler an ihrem Platz über einen Internetzugang verfügen.

Der Link http://platea.pntic.mec.es/cvera/hotpot/les_maudits_francais.htm wird dann mit folgendem Arbeitsauftrag aufgerufen: Zunächst ist der Text bei erneutem Hören zu lesen. Danach sollen Lücken gefüllt werden: Verbformen im Präsens sind anzuklicken und zuzuordnen. Die Schüler können selbständig über den Button *vérifier* Ergebnisse kontrollieren.

Zum Verständnis des kanadischen Wortschatzes bzw. der noch unbekannten Wörter ist eine zusätzlich ausgeteilte Vokabelliste zu konsultieren, da es sich um eine spanische Seite handelt und nicht alle unterstrichenen Wörter auf Französisch erklärt werden, sondern oft auch spanische Synonyme zu finden sind.

Die Komplementationsübung scheint eine sehr einfache, vielleicht zu einfache zu sein. Sie bewirkt allerdings, dass der Text nochmals gelesen werden muss, um eine lexikalisch korrekte Auswahl unter den Verbformen zu treffen. In dieser Phase ist es nicht sinnvoll, Lücken anstelle komplexer Strukturen oder solche, die das kanadische Franzö-

---

[70] Eine Kopiervorlage zu diesem Text findet sich in Thiele, 2011, 73.

sisch betreffen, zu setzen, damit zunächst beim Lesen und ggf. mehrfachen Hören noch mehr Inhalt des Texts erfasst werden kann.

Die Schüler sollen in einem nächsten Schritt die musikalische Interpretation beschreiben sowie lexikalische Besonderheiten herausarbeiten. Die spezifische Aussprache kann erörtert werden, indem lautliche Realisierungen vergleichend gegenübergestellt werden. Es bietet sich jedoch nicht an, linguistische Phänomene wie die Diphthongierung von langen Vokalen (*père* [pɛ:R] → [paiR], [paɛR]) oder die Assibilierung (*tu* → [tˢy] oder *dire* → [dᶻir]) in der Zielsprache zu benennen und zu besprechen (vgl. Neumann-Holzschuh 2002, 107). Grundsätzlich ist also festzuhalten, dass rezeptive Kenntnisse diatopischer Varietäten im Vordergrund stehen sollten oder das hörende Verstehen (vgl. Meißner 1995, 5) eine zentrale Rolle in diesem Kontext spielen soll.

Im Anschluss wird die Textstruktur im Unterrichtsgespräch z.B. über den möglichen Impuls *Les maudits Français?* an der Tafel erarbeitet. Der erste Teil stellt Vorurteile der Québécois gegenüber den Franzosen vor, es folgen Vorurteile der Franzosen über die Québecois. Sobald die Franzosen jedoch nach Kanada reisen (*Et quand ils arrivent chez nous...*), lernen sie Land und Leute genauer kennen, im Gegenzug erfahren und erleben die Québécois viele Ähnlichkeiten und Berührungspunkte mit den Franzosen. Man lernt sich also gegenseitig kennen und sehr schätzen (*Y a comme un trou dans le Québec quand partent les maudits Français.*). In diesem Zusammenhang wird auch über die Bedeutung von *maudits* zu sprechen sein.

Es geht für die Schüler darum, die von Lynda Lemay vorgetragenen kulinarischen Besonderheiten, bestimmte Verhaltensweisen oder Traditionen der Franzosen und der Québécois zu ermitteln und die Unterschiedlichkeit, aber auch Gemeinsamkeiten der Kulturen zu entdecken [*savoir*][71]. Dabei hinterfragen sie ihre Werthaltungen hinsichtlich der eigenen und der zielsprachlichen Kultur, bewerten sie und positionieren sich ggf. gegenüber bestimmten Werten neu [*savoir être*].

Sie sollen verstehen, dass nur die im dritten Teil besungenen Strategien – nämlich die Kommunikation miteinander, die Bereitschaft, sich gegenseitig aufeinander einzulassen, Offenheit und Toleranz gegenüber Neuem, Anderem – weitere Horizonte erschließt, kulturellen Austausch fördert und die gegenseitige Verständigung und Wertschätzung ermöglicht [*savoir comprendre*].

Das Ziel ist also dabei, die aus dem Text erarbeiteten Fremdwahrnehmungsmuster bzw. Grundmuster von Stereotypen (vgl. Schumann 2008, 119ff) zu durchschauen und kritisch zu beleuchten, da sie auf der „Übergeneralisierung und Instrumentalisierung von Kulturstandards" (Schumann 2008, 125) beruhen. Dieses Konstrukt ermöglicht zwar eine schnelle Identifikation und kulturelle Zuordnung, schränkt aber gleichzeitig die Wahrnehmung ein „und verstellt den Blick auf die Wirklichkeit" (Schumann 2008, 125). Schüler sollen diese beiden Seiten von Stereotypen erkennen und ihre Funktion einschät-

---

[71] Vgl. http://db2.nibis.de/1db/cuvo/datei/KC_franz_gym_i.pdf, S. 13, im Folgenden KC NDS.

zen können, um zu lernen, interkulturell kompetent zu kommunizieren und zu agieren [*savoir faire*].

Im Anschluss bieten sich weitere Aufgaben an: Die Musikproduktion kann in ein Drehbuch verwandelt werden, die Schüler drehen anschließend einen Videoclip; alternativ verfassen sie einen fiktiven Eintrag in ein Reisetagebuch eines Franzosen oder einer Französin in Kanada. Weitere kanadische Musikproduktionen, wie zum Beispiel *L'incompétence* von Lynda Lemay über inkompetente Dienstleistende (vgl. Gouvernec 2006) oder *Heureux d'un printemps* von Paul Piché über *den* „romantischen Winter und Sommer in ihren Zwiespältigkeiten, je nach finanzieller Situation des einzelnen" (Winkelhagen 2002, 5), können in den Unterricht integriert werden. Die Schüler können sich auch zum Thema in einem Chatroom mit einer kanadischen Schulklasse treffen oder Recherchen über die Interpretin im Netz betreiben, um nur einige Möglichkeiten hier zu nennen.

Fächerübergreifend wäre für das Fach Musik ggf. sogar die Komposition von Variationen der Melodie mit neuen Texten in abweichenden kulturellen Kontexten möglich.

Interkulturelle Lernprozesse entwickeln sich, wenn Schüler einer als fremd bzw. einer als zum Teil fremd empfundenen Wirklichkeit begegnen. Diese nehmen sie aus der eigenen Perspektive wahr, sie setzen sich mit frankophonen Gegebenheiten, Denkweisen, Werten und Haltungen auseinander (vgl. KC NDS, 13). Sie vergleichen ihre Werthaltungen mit denen der Angehörigen der zielsprachlichen Kultur, beziehen Position, sehen sich in Werthaltungen bestärkt, relativieren sie ggf. oder nehmen gar neue an.

> Es werden ihnen Wege eröffnet, Fremdkulturelles nachzuvollziehen, zu verstehen und zu akzeptieren, um so mögliche Missverständnisse auszuräumen und Vorurteile und Klischees abzubauen (*savoir comprendre*) (KC NDS, 13).

Zusammenfassend ist festzuhalten, dass sich *Les maudits Français* von Lynda Lemay in vielfältiger Weise in den Französischunterricht integrieren lässt. Für fortgeschrittene Schüler in der Sekundarstufe II bereichert dieses Chanson mit den zusätzlichen Medien die Literatur-, aber auch Sachtextarbeit durch die vorgeschaltete Hausaufgabe, auf allen Ebenen des Spracherwerbs ist also Sach- und Spracharbeit möglich. Der Umgang mit elektronischen Medien und dort bereitgestelltem Unterrichtsmaterial wird ebenfalls geschult.

Als motivierendes Medium unterstützt *Les maudits Français* – gezielt eingesetzt und methodisch sinnvoll aufgearbeitet – neben einer Erweiterung des Weltwissens entscheidend die Schulung der kommunikativen und interkulturellen Kompetenzen.

> Durch die plurikulturelle Dimension der frankophonen Welt eröffnet der Französischunterricht zudem Zugang zu weiteren kulturspezifischen Denkweisen, sodass die Schülerinnen und Schüler eine Erweiterung ihres kulturellen Lernfeldes erfahren (KC NDS, 12).

Man kann auf der Grundlage dieser Überlegungen der Integration regionaler französischer Varietäten in den Unterricht durchaus zustimmen.

Aufgaben

1. Für die Zielsprache Französisch: Lesen Sie den Beitrag ‚*Occitan Leiçon N° 1? M'en foti!* Okzitanisch im Französischunterricht' von Michael Frings und Anika Weber (2008) und bereiten Sie eine Zusammenfassung als Präsentation vor.
2. Für die Zielsprache Italienisch: Reflektieren Sie den Einsatz des Gedichts *Lingua e dialettu* von Ignazio Buttita[72] im Italienischunterricht. Konzipieren Sie einen Unterrichtsvorschlag.
3. Für die Zielsprache Spanisch: Ermitteln Sie Charakteristika der argentinischen Varietät des Spanischen in Quinos[73] Mafalda-Comics Ihrer Wahl. Erarbeiten Sie im Anschluss eine Präsentation für Schüler, um diese lateinamerikanische Varietät vorzustellen. Lesen Sie dazu entsprechende Passagen des Romanistischen Arbeitsheftes zum amerikanischen Spanisch von Volker Noll (2009).

---

[72] Vgl. http://www.satt.org/italo-log/100.html.
[73] Vgl. http://www.quino.com.ar.

7. Material für weitere Aufgaben

Die hier zusammengestelltenen Medien können im Rahmen der Kapitel 2, 5.1.2 sowie 6.2 bearbeitet werden. Die Materialien 7.1 bis 7.3 sind Bild- bzw. Textgrundlage für die Hördateien, die über den Button „Zusatzmaterialien" in Verbindung mit diesem Arbeitsheft auf der De Gruyter-Homepage aufzurufen sind.

7.1 I tiers (1)

7.2 I tiers (2)

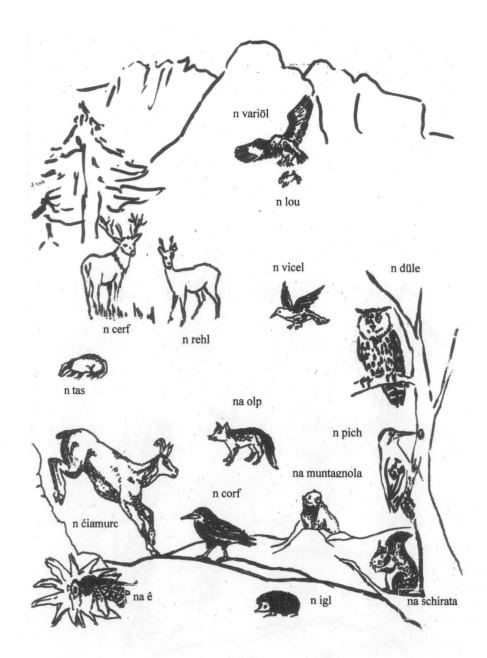

7.3 I tiers (3)

Aufgaben zum entdeckenden Lernen:

1. Sehen Sie sich das folgende Arbeitsmaterial an: Was fällt Ihnen auf?
2. Welche sprachlichen Phänomene könnte man mithilfe der Tabelle entdecken?

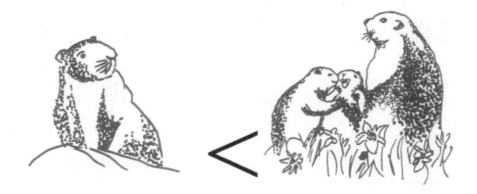

n tier	le tier	i tiers
n cerf	le cerf	i cerfs
n ćiamurc	le ćiamurc	i ćiamurc
n corf	le corf	i corfs
na olp	la olp	les olps
na schirata	la schirata	les schirates
na muntagnola	la muntagnola	les muntagnoles

7.4 Didaktisch-methodischer Kommentar zum Übungsmaterial für die Lektionseinführung

Gadertalisch weist deutliche Unterschiede in Laut- und Schriftbild auf, innerhalb der Romania ist der Erwerb der Aussprache dieser dolomitenladinischen Varietät als vergleichsweise schwierig zu charakterisieren. Deshalb sind die hier vorgeschlagenen Einstiegsaufgaben nach den Kompetenzen Sprech- bzw. Schreibfertigkeit deutlich voneinander getrennt.

Schüler, die Französisch lernen, sehen sich zu Beginn mit vergleichbaren Zugangsschwierigkeiten hinsichtlich der Aussprache und Orthographie der gewählten Zielsprache konfrontiert. Für Italienisch und Spanisch mag dies in eingeschränktem Maß gelten, allerdings verlangt die korrekte Aussprache gleich welcher neuen Zielsprache im Anfangsunterricht besondere Anstrengung. Der Einstieg sollte den Schülern durch Trennung des Hörerlebnisses von der Präsentation des Schriftbildes erleichtert werden.

Folgende Pluralformen sind für die eingeführten Bezeichnungen der Tiere festzuhalten:

n tier	le tier	i tiers	(Tier)
n cerf	le cerf	i cerfs	(Hirsch)
n ćiamurc	le ćiamurc	i ćiamurc	(Gämse)
n corf	le corf	i corfs	(Rabe)
n düle	le düle	i düli	(Uhu)
na ê	la ê	les ês	(Biene)
n igl	l'igl	i igli	(Igel)
n lou	le lou	i loi	(Hase)
na montagnola	la muntagnola	les muntagnoles	(Murmeltier)
na olp	la olp	les olps	(Fuchs)
n pich	le pich	i pić	(Specht)
n rehl	le rehl	i rehli	(Reh)
na schirata	la schirata	les schirates	(Eichhörnchen)
n tas	le tas	i tasc	(Dachs)
n variöl	le variöl	i variöi	(Adler)
n vicel	le vicel	i vicì	(Vogel)

Die Pluralbildung im Gadertalischen erweist sich bei Betrachtung der Beispiele als komplex (Vgl. Valentin/Thiele 2008, 53ff und 73f) Deshalb wurde für das Arbeitsblatt zur Entdeckung ersten Pluralbildungsregeln und der Artikel eine didaktische Reduktion durchgeführt, um die Möglichkeit zu eröffnen, bestimmte ausgewählte Phänomene entdecken und korrekt beschreiben zu lassen:

n tier	le tier	i tiers
n cerf	le cerf	i cerfs
n ćiamurc	le ćiamurc	i ćiamurc
n corf	le corf	i corfs
na olp	la olp	les olps
na schirata	la schirata	les schirates
na muntagnola	la muntagnola	les muntagnoles

Aus dieser Liste lassen sich Regeln – hier in Stichpunkten festgehalten – ableiten:

Artikel	unbestimmt	bestimmt
maskulinum Singular	n	le
maskulinum Plural	–	i
femininum Singular	na	la
femininum Plural	–	les

Folgende Pluralbildungen können ermittelt werden:

Substantiv im Singular +s
Substantiv auf -a → Plural: -es
Singular = Plural

Spezifische Spracherwerbsniveaus weisen zwangläufig unvollständige, ggf. falsch gelernte Regeln auf. Diese werden bei Lernfortschritt sukzessive korrigiert. Um eine anfängliche Überforderung zu vermeiden, ist deshalb der didaktischen Reduktion bzw. Transformation unbedingt Rechnung zu tragen.

7.5 Formenübersicht zum *passato remoto*

---

passato remoto

comprare	credere	partire
comprai	credetti	partii
comprasti	credesti	partisti
comprò	credette	partì
comprammo	credemmo	partimmo
compraste	credeste	partiste
comprarono	credettero	partirono

avere	ebbi, avesti, ebbe, avemmo, aveste, ebbero
essere	fui, fosti, fu, fummo, foste, furono
fare	feci, facesti, fece, facemmo, faceste, fecero
stare	stetti, stesti, stette, stemmo, steste, stettero

Die **3. Person Singular und Plural** einiger **unregelmäßiger Verben**:
(bei einigen Verben sind verschiedene Formen möglich.)

apparire: apparve/apparvero; **aprire**: aprì / aprirono; **bere**: bevve, / bevvero; **chiedere**: chiese/chiesero; **chiudere**: chiuse/chiusero; **conoscere**: conobbe/conobbero; **correre**: corse/corsero; **dare**: diede /diedero; **decidere**: decise/decisero; **dire**: disse/dissero; **leggere**: lesse/lessero; **mettere**: mise/misero; **muovere**: mosse/mossero; **nascere**: nacque/nacquero; **nascondere**: nascose/nascosero; **prendere**: prese/ presero; **porre**: pose/posero; **rimanere**: rimase/rimasero; **rompere**: ruppe/ruppero; **rispondere**: rispose/risposero; **sapere**: seppi/seppero; **scegliere**: scelse/scelsero; **scrivere**: scrisse/scrissero; **spegnere**: spense/spensero; **tenere**: tenne/tennero; **trarre**: trasse/trassero; **vedere**: vide/videro; **venire**: venne/vennero; **vivere**: visse/vissero; **volere**: volle/vollero.

7.6 Terminologievergleich

European Multilingualism in a Diachronic Perspective

To achieve a sustainable communicative and cultural mobility, the European Union as a plurilingual and pluricultural construct (cf. FD FRZ, 97) aims for the multilingualism of its citizens. Europeans should be able to communicate in two European languages besides their native tongue. The plurilingual or pluricultural proficiency attained at the end of this process may well differ among learners (cf. Europarat 2001,168, cf. FD FRZ, 60).

Multilingualism does not mean the mere coexistence of languages or linguistic varieties in Europe, but rather the conscious use of operable linguistic knowledge and experience while constantly comparing languages and cultures during the learning process. Such a learning perspective is seen as desirable by educational institutions within the framework of current didactics of multilingualism. In this context the focus lies on the development of foreign-language knowledge by controlled acquisition, not on the support of autochthonous multilingualism in several European regions. Instead the attention should be directed towards a connected transversal approach to specific languages by educational institutions: a large spectrum of native tongues must be considered because of an allochthonous European multilingualism based on migration processes. The tutors must achieve a new self-conception concerning their ideas of language teaching, so that the following application fields can serve to characterize the current foreign language instruction: comprehension strategies for texts, working on vocabulary across different languages, interpreter exercises, a comparison of phonological and morphological correspondences, the conscious contrasting of specific linguistic structures to avoid interferences or so-called false friends or reading and listening comprehension strategies concerning genetically related languages.

This comparison between languages and cultures is not at all modern, as similar approaches can already be found in foreign language learning media from the sixteenth century. There also exist a number of (so-called) 'grammar manuals' illustrating the linguistic condition and the language awareness of respective periods.

The following paragraphs will deal with 'grammar manuals' for romance language acquisition, published in Venice and collected in the Herzog August Bibliothek (HAB) in Wolfenbüttel, namely *La novissima Grammatica delle trè lingue italiana, franzese, e spagnuola* (Jean Alexandre Lonchamps; Lorenzo Franciosini, 1655), the *Grammaire pour apprendre les langues italienne, françoise, et espagnole* (Antoine Fabre or Antonio Fabro, 1656) and the *Grammaire italienne ou l'art d'apprendre la langue toscane par une méthode facile* (Pierre DuBreuil, 1686).

On the one hand these are descriptive, partially contrastive grammars and on the other hand they already offer methodological approaches which are currently discussed in the contexts of plurilingual learning concepts.

In addition grammar theorists of the sixteenth century had to deal with a crucial issue, because for centuries 'speaking or writing meant speaking or writing in Latin about Latin'. So they first described every language with the help of Latin grammar, this representing the only existing frame of reference at the time (cf. Polzin-Haumann 2001, 136).

To distinguish Latin and Vernacular characteristics the grammarians had to develop a new linguistic description and to record their observations in their own native tongue or in the very same Vernacular. Reflection about this Vernacular became more intensive. Grammarians often used Latin categories aside from the respective Vernacular terms or periphrasis. Even if this basic concept was not applied systematically in the grammar books, the users – typically without any Latin language skill[74]– should be enabled to understand the linguistic context by the means of redundancy and circumscription.

According to Neumann-Holzschuh, Lorenzo Franciosini, a master from Siena who taught Italian and Spanish wrote the most important Spanish grammar manual of the sixteenth and seventeenth century. *La novissima grammatica delle tre lingue italiana, franzese e spagnuola* from 1655 is described in the foreword as «*un'opera profittevole à chi desidera imparare fondatamente & con brevità à leggere, comporre, intendere e parlare in quelle*». The manual addresses itself to «*lettori e professori delle Quattro principali lingue, Latina, Spagnuola, Franzese ed Italiana*». The work published in Venice at Guerigli includes the contrastive Italian – French grammar from Alexandre Lonchamps and the Spanish grammar *Introduttione alla lingua Castgliana* written in Italian by Lorenzo Franciosini, of which you find a copy in the HAB, called *Grammatica spagnuola ed italiana*, published in Rome in 1638.

Comparing the Venetian with the Roman edition the older book's larger volume immediately becomes apparent: 158 pages versus only 81. *Diálogos apazibles, compuestos en Castellano y traducidos en Toscano* follow the grammar in the Guerigli edition. By reading these dialogues entitled as entertaining and diverting conversations the Spanish reader was supposed to become familiarized with the Tuscan language. The two versions are offered synoptically and you can find contrastive pragmatic descriptions of greetings, proverbs and idioms. Franciosini's grammar clearly refers to the theories of César Oudin and Giovanni Miranda.

In contrast to the French and Italian parts in the Venetian release the description of the Spanish pronunciation, articles and pronouns comprises only a few pages. Not more than two thirds of a page is dedicated to nouns and adjectives. Maybe the author wants to save himself the effort of further comment, as he believes that the learner can understand contexts with the help of resemblance or analogy. Moreover, adapting the Italian structures spontaneously into Spanish does not have any adverse effects on communication in the portrayed cases.

---

[74] Unfairly women had no chance to learn French or other foreign languages as long as methods and manuals were based on Latin terminology.

As in the case of Lonchamps, there are extensive alphabetically organized conjugation patterns of very frequent verbs: you can find auxiliaries, examples for the three conjugations and reflexive pronouns. Morphological distinctions are explained. Franciosini also outlines typological Spanish phenomena like the passive voice and the impersonal construction. In this context he points out the meteorological verbs and *hay* (English: 'there is', 'there are'). *Hay* is presented in contrast to *esserci* in the Roman edition, too.

The description of the Spanish language ends with a lexical part: there are wordlists for numerals, the months' names, seasons and days of the week. These lists bring to mind current editions of basic vocabulary offering a compilation of vocabulary around a specific theme, but without fixed expressions, proverbs and idioms often added by other authors.

Antonio Fabro's *Grammaire pour apprendre les langues italienne, françoise, et espagnole* (1656) can definitely be considered as a plurilingual manual. Fabro describes it as «*une Œuvre très nécessaire & de trè grande utilité aux Historiens, secretaires & traducteurs qui legitimement et avecq un vray sens et fondament les veuillent traduire et apprendre*». Besides it's «*enrichie d'observation & preceptes necessaires & de claires & parfaictes reigles pour bien & correctemant prononcer & ecrire les dictes langues*».

The grammar manual starts with identical introductions concerning the content in the three languages accordingly: the pronunciation rules of each language are respectively explained in the other two languages.

All the syntactical theory and the didactically elaborated dialogues between voyagers and merchants are represented synoptically in three columns, French on the left side, Italian in the middle and Spanish on the right side. This clearly arranged chart system aids comparisons between different languages and translations on the part of the reader. The author points out the characteristics of each language using the syntagma *precetto circa la lingua spagnola*, for example the use of accents with *indefinido* forms.

Orthographical, morphological and syntactical descriptions follow this phonological analysis, but also declination patterns:

118

[...] & retient par tous les cas la mesme

terminaison qu'ils ont au nominatif,

comme cy apres nos verrons   [...]

[...] & ritengono in tutti li casi la medesima

terminazione che eglino hanno nel nominativo

come qui di sotto noi vedremo [...]

Singulier

No.	*l'*	*escolier*	*lo*	*scolare*	*el*	*estudiante*
Ge.	*de l'*	*escolier*	*dello*	*scolare*	*del*	*estudiante*
Da.	*a l'*	*escolier*	*allo*	*scolare*	*al*	*estudiante*
Ac.	*l'*	*escolier*	*lo*	*scolare*	*el*	*estudiante*
Vo.	*ò*	*escolier*	*ò*	*scolare*	*ò*	*estudiante*
Ab.	*de l'*	*escolier*	*dallo*	*scolare*	*del*	*estudiante*

Plurier [sic]

No.	*les*	*escoliers*	*gli*	*scolari*	*los*	*estudiantes*
Ge.	*des*	*escoliers*	*degli*	*scolari*	*delos*	*estudiantes*
Da.	*aux*	*escoliers*	*agli*	*scolari*	*alos*	*estudiantes*
Ac.	*les*	*escoliers*	*gli*	*scolari*	*los*	*estudiantes*
Vo.	*ò*	*escoliers*	*ò*	*scolari*	*ò*	*estudiantes*
Ab.	*des*	*escoliers*	*dagli*	*scolari*	*delos*	*estudiantes*

At the same time (cf. Fabro 1655, 23f) it is evident that the Latin case system is transferred to Vernaculars and the omission of case endings is compensated by adopting prepositions with articles. Comparative information about the three languages is given in two languages, in French and Italian, for example concerning the active and passive voices:

...che la lingua italiana ha questo di comune con la Franzese e la Spagnola, s'accommoda e si congionge col verbo havere in tutti i verbi attivi & col verbo essere in tutti li passivi.[75]

The structure of DuBreuil's grammar traces back to the classic Latin model. The dedication is followed by the description of Italian in French, then the author analyses the *«lettres d'Alphabet & la prononciation»* (pp. 7-11), presents *«des articles & de la declinaison»* (pp. 13-51), *«des verbes»* (pp. 51-163) and *«de la sintaxe»* (pp. 164-273). The chapter about syntax offers phraseology tables (p. 197 f) and everyday conversations (p. 266 f).

The translated structure schedules (p. 245f) are used as a basis for comparative approaches. You can read for example:

Il est a noter quon ne met point l'article devant le pronom possessif qui précède immediatement le nom de 'padre' ou 'madre', on ne dit point il mio padre, ainsi on dit

Si dice che mio padre è morto – le bruit court on dit mon père est mort.[76]

This interesting text expressly quotes a repeated linguistic mistake. Nowadays it is strongly recommended not to pronounce or to write mistakes to avoid foreign language learners memorizing wrong structures.

The following contextual quotation shows page 164 of DuBreuil's work: This comparative approach applies to the syntax:

De la sintaxe.

*La Sintaxe n'est autre chose que la construction du substantif avec l'adjectif, & du nom avec le verbe, & les Francois sont presque semblables aut [sic] Italiens dans cette construction, si ce n'est que les Francois mettent toujours le substantive devant le verbe comme, **le attioni buone fanno l'huomo virtuoso** les bonnes actions font l'homme vertueux, mais les Italiens font des transpositions qui sont élégantes, & et qui tiennent beaucoup de la phrase latine, & ils diront **fanno l'huomo virtuoso le attioni buone**. [...]*

In current didactically designed grammars (used in addition to the manuals), for example in *Große Lerngrammatik Italienisch*[77] for German learners, you will find well known but also new aspects. The description of the most frequent structures is still based on grammatical categories known from Latin. Typically schedules, lists, particularities, exceptions and irregular forms are typographically emphasized.

---

[75] Fabro 1655, 41f, or 19: *«Non è altro l'articolo che una dittione, laquale serve per manifestare in qual caso è il nome ch'essa precede come il padre, la madre & bisogna sapere che l'articolo francese (le) si va cangiando in italiano con (il) overo (lo) & l'articolo (la) è il medesimo in italiano, come noi vedremo nelle lor declinationi...»*

[76] Du Breuil (1686) 21.

[77] Da Forno/de Manzini-Himmrich (2006).

Tests and solutions concerning the most important grammatical aspects are also included so that the user can (autonomously) check if he or she has understood the grammar rules in question.

Since the Renaissance there have been language manuals proving that Europeans wanted or had to become plurilingual because of their individual biography. Today the European Council as a transnational committee requests multilinguism. This institutionalization – the declared political intention for implementation – is new, but the idea of plurilinguism to achieve communicative and cultural mobility, is not as the analyzed manuals have shown.

Historical conditions of foreign-language-instruction demanded different specific resources. With the beginning of the Renaissance the potential learners were travelling merchants or journeymen, sometimes students or mercenaries, most of them ignorant of the Latin language. Foreign languages were acquired with a so-called Language-Master, who worked with grammar manuals and written texts and who was responsible for a refined and individualized language instruction. Many learners were interested in communication skills and wanted to improve pronunciation and phraseology on their own. Political and dynastic motifs were important for plurilinguism, too. At the court translators and secretaries worked with different languages, young noblemen practiced courtly habits and studied several foreign languages as well.

The different media had to have offers available for every target group; their authors had to adapt the didactic-methodological organization of their works accordingly.

In this context the influence of older grammars is obvious. Development lines, focal points and particular strategies inherent to certain centuries are easily recognizable, but the same conceptions in different periods are also found. In addition to general ideas in the frame of language didactics you can observe techniques that are characteristic for language learning strategies based on linguistic comparison. Frequent linguistic structures are represented synoptically and in separation or delimitation to other languages, there is an emphasized layout for characteristics. These typographic specialties facilitate keeping in mind the references in question.

To obtain linguistic skills - like speaking or pronouncing, reading and writing – is explicitly proposed by Antonio Fabro for example. For this reason you can find – just as in current manuals – adapted texts that reflect everyday situations from the target culture. In addition to examples from authentic literary texts idioms and expressions for greetings are comparatively represented, so that contexts can be independently deduced.

You cannot compare the conditions of the current institutionally established language classes to those of previous centuries. Private lessons, group-learning with only a few participants or self-studies obviously demand other didactic and methodological approaches than for example units composed for classes with 28 pupils, whose interest in learning a foreign language is not necessarily high.

The didactical and methodological repertoire has been amplified during the last centuries: In addition to working with rules, word lists and texts in younger manuals also include many training objects, inter alia exercises for listening comprehension due to elaborated electronical, auditive or audiovisual tools for language representation.

Today grammatical structures are normally imparted inductively, not deductively. Rules should be discovered with the aid of an adapted text that offers the possibility to reconstruct characteristic features. Afterwards, if a linguistic comparison is appropriate, the learner can draw a connecting line to his former language learning experiences.

Training objects aiming at developing spontaneous speech and based on plurilinguism must be integrated more intensively in current manuals. The notes and references in the vocabulary lists at the end of the pupils' books are not enough. In the foreign language class, there must be a fixed place for an active use of linguistic knowledge that builds new bridges to the foreign language in question. The integration of different languages in the class – and this should be only marginally mentioned – assumes a different understanding of the teacher's role and a modified behavior during the correction of errors or mistakes.

The German educational standards attuned to CEFR (Common European Framework of Reference for Languages) and the KMK[78] costitute the background for educational curricula. Here skills that pupils need in a modern Europe without frontiers and a globalized world contacting citizens of other countries and cultures are highlighted. These are also institutionalized; the comparison of foreign language knowledge is competence-oriented. Knowledge and skills should be documented by all learners in a portfolio. In this way they can recognize their progress and become conscious of their own plurilinguism.

According to Lower Saxony's educational curricula for foreign languages regarding the classes 6 to 10 in a German Gymnasium (secondary school), the pupils must be able to solve complex tasks by using intercultural, functional, communicative and methodological competences. Keeping in mind the aspects which are relevant to achieve or to expand the competences mentioned above, learning as well as teaching constants for very different target groups might be discovered. These constants have played, are playing and will play key-roles in language acquisition.

For approximately 500 years linguistic variety and competence have been promoted in Europe. Thus, we can follow Umberto Gorini who points out in his work on grammar manuals that these grammarians' ideas *«possono preservarci non solo da considerare il nuovo sempre il migliore, ma anche della superficiale "riscoperta" dei predecessori come meri precursori del moderno»*[79].

---

[78] KMK: Kultusministerkonferenz der Länder [conference of ministers of education and the Arts].
[79] Gorini (1997) 327.

This point of view deserves unqualified support and may well receive it in the context of language learning based on linguistic comparison. The results of this summary all point in the same direction: the importance of the linguistic and cultural heritage in Europe for current language acquisition.

8. Literaturverzeichnis

Abendroth-Timmer, D. (2007): „Zur sprachenpolitische Bedeutung und motivationalen Wirkung des Einsatzes von bilingualen Modulen in sprachlich heterogenen Lerngruppen", in: Caspari D./Hallet, W./Wegner, A./Zydatiß, W. (Hrsg.): Bilingualer Unterricht macht Schule. Beiträge aus der Praxisforschung. Frankfurt/M.: Lang, 177-191.

Ader, W. (1993, Hrsg.): Louis Malle – *Au revoir, les enfants*. Stuttgart: Reclam.

Ader, W. (1999, Hrsg.): Zola: *Germinal. Texte et documents*. Stuttgart: Klett.

Alonso, E. (1994): *¿Cómo ser profesor/a y querer seguir siéndolo?* Madrid: Edelsa.

Amann, K. A. [et alii] (1995): *Encuentros* 2. Lehrbuch. Berlin: Cornelsen.

Angelini, G./Battaggion, B. M. (1993, Hrsg.): *Viaggi tra le righe* 1, 2. Berlin, München: Langenscheidt.

Bächle, H. (2007): „*Ecoutez!* Standardorientierte Überprüfung und Schulung des Hörverstehens", in: FSU Frz 88, 14-23.

Banzhaf, M. (2008, Hrsg.): Gianni Rodari – *Favole al telefono*. Stuttgart: Reclam.

Barrera Marín, S./Schleyer, J. (1996): *Encuentros* 2, *cuaderno de ejercicios*. Berlin: Cornelsen.

Barrera-Vidal, A. (2003): „Spanisch", in: Bausch, K.-R./Christ, H./Krumm, H.-J. (Hrsg.): Handbuch Fremdsprachenunterricht. Tübingen, Basel: Francke

Bausch, K.-R. (2003): „Funktionen des Curriculums für das Lehrern und Lernen fremder Sprachen", in: Bausch, K.-R./Christ, H./Krumm, H.-J. (2003, Hrsg.): Handbuch Fremdsprachenunterricht. Tübingen, Basel: Francke, 111-116.

Bausch, K.-R./Christ, H./Krumm, H.-J. (2003[4], Hrsg.): Handbuch Fremdsprachenunterricht. Tübingen, Basel: Francke.

Bausch, K. R./Burwitz-Melzer, E./Königs, F. G/Krumm, H.-J. (2009, Hrsg.): Fremdsprachenunterricht im Spannungsfeld von Inhaltsorientierung und Kompetenzbestimmung. Tübingen: Narr

Bechtel, M./Roviró. B. (2010): „Authentizität von Lernaufgaben im kompetenzorientierten Französisch- und Spanischunterricht", in: Frings, M./Leitzke-Ungerer, E. (Hrsg.) Authentizität im Unterricht romanischer Sprachen. Stuttgart: ibidem, 207-227.

Behr, Ursula (2005, Hrsg.): Sprachen entdecken – Sprachen vergleichen. Berlin: Cornelsen.

Beile, W. (1995): „Auditive Medien", in: Bausch, K.-R./Christ, H./Krumm, H.-J. (1995[3], Hrsg.): Handbuch Fremdsprachenunterricht. Tübingen, Basel: Francke, 314-317.

Beinghaus, E. (2006): „*La lengua de las mariposas*. Film und Erzählung", in FSU Spa 12, 32-38.

Bélineau, N. (2003): *L'imagerie des tous-petits. Autocollants*. Paris: Fleurus bzw. Bergamo: Larus.

Benigni, R./Cerami, V. (2009): *La vita è bella – sceneggiatura di Roberto Benigni e Vincenzo Cerami*. Stuttgart:Reclam.

Bertocchini, P./Costanzo, E./Puren, Ch. (1998): *Se former en didactique des langues*. Paris: ellipses.

Bleyl, W. (2000): „Grundsätzliches zu einem konstruktiven Fremdsprachenlernen und Anmerkungen zur Frage: Englisch-Anfangsunterict ohne Lehrbuch?", in: Fery, R./Raddatz, V. (Hrsg.). Lehrwerke und ihre Alternativen. Frankfurt am Main: Lang, 20-34.

Börner, W./Vogel, K. (2001, Hrsg.): Grammatik lehren und lernen. Didaktisch-methodische und unterrichtspraktische Aspekte. Bochum: AKS.

Bories-Sawala, H. (2010): *Découvrir le Québec. Une Amérique qui parle français*. Paderborn: Schöningh.

124

Breidbach, S. (2002): „Bilingualer Sachfachunterricht als neues interdisziplinäres Forschungsfeld", in: Breidbach, S./Bach, G./Wolff, D. (Hrsg.): Bilingualer Sachfachunterricht. Didaktik, Lehrer-Lernerforschung und Bildungspolitik zwischen Theorie und Empirie. Frankfurt/M.: Lang, 11-27.

Breidbach, S./Bach, G./Wolff, D. (2002, Hrsg.): Bilingualer Sachfachunterricht. Didaktik, Lehrer-Lernerforschung und Bildungspolitik zwischen Theorie und Empirie. Frankfurt/M.: Lang.

Bußmann, H. (2008): Lexikon der Sprachwissenschaft. Stuttgart: Kröner.

Butzkamm, W. (1978): Aufgeklärte Einsprachigkeit. Zur Entdogmatisierung der Methode im Fremdsprachenunterricht. Heidelberg: Quelle und Meyer.

Campana, A. (1995, Hrsg.): Guido Gozzano - *La danza degli gnomi e altre fiabe*. Milano: BIT/Opportunity Book.

Campagna, A. (2008, Hrsg.): Giovanni Guareschi – *Don Camillo e Peppone. Racconti scelti*. Stuttgart: Reclam.

Caspari, D. (1994): Kreativität im Umgang mit literarischen Texten im Fremdsprachenunterricht. Theoretische Studien und unterrichtspraktische Erfahrungen. Frankfurt am Main: Lang.

Caspari D./Hallet, W./Wegner, A./Zydatiß, W. (2007, Hrsg.): Bilingualer Unterricht macht Schule. Beiträge aus der Praxisforschung. Frankfurt/M.: Lang.

Caspari, D. (2008): „Überlegungen zum fachwissenschaftlichen Studium aus Anlass der gegenwärtigen Reform der Lehrerbildung", in: Schumann, A./ Steinbrügge, L. (Hrsg.) Didaktische Transformation und Konstruktion. Zum Verhältnis von Fachwissenschaft und Fremdsprachendidaktik. Frankfurt am Main: Lang, 23-35.

Caspari, D. (2010): „Authentizität und Testaufgaben", in: Frings, M./Leitzke-Ungerer, E. (Hrsg.) Authentizität im Unterricht romanischer Sprachen. Stuttgart: ibidem, 229-244.

Cassola, C. (1960): *La ragazza di Bube*. Torino: Einaudi.

Christ, H. (2002): „Einsprachigkeit überwinden. Das Postulat der Erziehung zur Mehrsprachigkeit", in: Krüger-Potratz, M. (Hrsg.) Mehrsprachigkeit macht Europa. Texte und Dokumente zu Mehrsprachigkeit und Schule. Münster: Institut für interkulturelle Pädagogik, 13–24.

Costamagna, L. (1993): „*Utilizzazioni didattiche delle canzoni nell'insegnamento dell'italiano come lingua seconda*", in: Italienisch 30, 70-87.

Costamagna, L./Marasco M. V./Santeusanio, N. (2010): *L'italiano con le canzoni*. Perugia: Guerra.

Côté, L. (1995): „*La langue française au Canada*", in FSU Französisch 2, 9-10.

Da Forno, I./de Manzini-Himmrich, Ch. (2006): Große Lerngrammatik Italiebisch. Ismaning: Hueber.

Decke-Cornill, H./Küster, L. (2010): Fremdsprachendidaktik. Eine Einführung. Tübingen: Narr.

Der fremdsprachliche Unterricht Französisch (1993): Heft 9, Bilingualer Unterricht.

Der fremdsprachliche Unterricht Französisch (1996): Heft 22, *Bandes Dessinées*.

Der fremdsprachliche Unterricht Französisch (2000): Heft 44, *La nouvelle.*

Der fremdsprachliche Unterricht Französisch (2001): Heft 49, Sprachübergreifend unterrichten.

Der fremdsprachliche Unterricht Französisch (2002): Heft 60, *Le Québec.*

Der fremdsprachliche Unterricht Französisch (2004): Heft 71, *Poésie.*

Der fremdsprachliche Unterricht Französisch (2004): Heft 72, Schreiben.

Der fremdsprachliche Unterricht Französisch (2005): Heft 74/75, BD und Spracharbeit.

Der fremdsprachliche Unterricht Französisch (2006): Heft 80, *Vive le sport!*

Der fremdsprachliche Unterricht Französisch (2006): Heft 81/82, *La nouvelle chanson française.*

Der fremdsprachliche Unterricht Französisch (2006): Heft 83, Wortschatzarbeit individuell.

Der fremdsprachliche Unterricht Französisch (2007): Heft 85, *A l'écoute de la littérature.*

125

Der fremdsprachliche Unterricht Französisch (2007): Heft 87, Austausch: reell – virtuell – interkulturell.

Der fremdsprachliche Unterricht Französisch (2007): Heft 88: Bildungsstandards anwenden.

Der fremdsprachliche Unterricht Französisch (2007): Heft 90, Lernstrategie: Wörternetze.

Der fremdsprachliche Unterricht Französisch (2008): Heft 91, *Le cinéma.*

Der fremdsprachliche Unterricht Französisch (2008): Heft 93, Schriebprozesse fördern – *préparer, rédiger, corriger.*

Der fremdsprachliche Unterricht Französisch (2008): Heft 94,Französisch ab Klasse 6.

Der fremdsprachliche Unterricht Französisch (2009): Heft 97, *BD. La vie en bulles.*

Der fremdsprachliche Unterricht Französisch (2009): Heft 99, Literatur: Wendepunkte.

Der fremdsprachliche Unterricht Französisch (2009): Heft 100, *Viv(r)le français!* – Kompetenzen fördern, Kultur vermitteln.

Der fremdsprachliche Unterricht Französisch (2010): Heft 104, Evaluieren und Tests.

Der fremdsprachliche Unterricht Französisch (2010): Heft 106, *Le français en ligne.*

Der fremdsprachliche Unterricht Französisch (2011): Heft 113, *Bernard Friot, auteur pour la jeunesse.*

Der fremdsprachliche Unterricht Spanisch (2004): Heft 5, Lesetechniken..

Der fremdsprachliche Unterricht Spanisch (2006): Heft 12, Spielfilme.

Der fremdsprachliche Unterricht Spanisch (2006): Heft 15, Spielen.

Der fremdsprachliche Unterricht Spanisch (2007): Heft 18, Theater.

Der fremdsprachliche Unterricht Spanisch (2009): Heft 23, Kinder- und Jugendliteratur.

Der fremdsprachliche Unterricht Spanisch (2009): Heft 24, *memorias.*

Der fremdsprachliche Unterricht Spanisch (2010): Heft 28, Individualisierung.

Der fremdsprachliche Unterricht Spanisch (2010): Heft 30, *Poesía.*

Dittmar, J. F. (2008): Comic-Analyse. Konstanz: UVK.

DuBreuil, P. (1686): *Grammaire italienne ou l'art d'apprendre la langue toscane par une méthode facile.* Venezia: Curti.

Düwell, H.(2001): „Beispiele für adressatenspezifischen Lehren und Lernen der französischen Sprache im 17. und 18. Jahrhundert", in: Dahmen, W. (Hrsg.): „Gebrauchsgrammatik" und „Gelehrte Grammatik". Französische Sprachlehre und Grammatikographie zwischen Maas und Rhein vom 16. bis zum 19. Jahrhundert. Tübingen: Narr, 287-303.

Europarat (2001, Hrsg.): Gemeinsamer europäischer Referenzrahmen für Sprachen: lernen, lehren, beurteilen. Berlin, München: Langenscheidt.

Fabre, A. bzw. Fabro A. (1656): *Grammaire pour apprendre les langues italienne, françoise, et espagnole*, Venezia: Guerigli.

Fenoglio, B.(1963): *Una questione privata.* Milano: Garzanti

Ferraris, M. (2005, Hrsg.): *Cuentos latinoamericanos.* Stuttgart: Reclam.

Fernán-Gómez, F. (1984): *Las bicicletas son para el verano.* Madrid: Espasa-Calpe.

Fäcke, Ch. (2010): Fachdidaktik Französisch. Eine Einführung. Tübingen: Narr.

Fäcke, Ch. (2011): Fachdidaktik Spanisch. Eine Einführung. Tübingen: Narr.

Fernandez Santos, J. (1992): *Muy lejos de Madrid.* Stuttgart: Klett.

Freudenstein, R. (1995): „Funktion von Unterrichtsmitteln und Medien: Überblick", in: Bausch, K.-R./Christ, H./Krumm, H.-J. (1995[3], Hrsg.): Handbuch Fremdsprachenunterricht. Tübingen, Basel: Francke, 288-291.

Freudenstein, R. (2003): „Unterrichtsmittel und Medien: Überblick", in: HB FSU, 395-399

Frings, M./Leitzke-Ungerer, E. (2010, Hrsg.): Authentizität im Unterricht romanischer Sprachen. Stuttgart: ibidem.

Frings, M./Schöpp, F. (2011, Hrsg.): Varietäten im Französischunterricht 1. Französische Fachdidaktiktagung (Gutenberg-Gymnasium, Mainz). Stuttgart: ibidem.

Frings, M./Vetter, E. (2008, Hrsg.): Mehrsprachigkeit als Schlüsselkompetenz: Theorie und Praxis in Lehr- und Lernkontexten. Akten zur gleichnamigen Sektion des XXX. Deutschen Romanistentages an der Universität Wien (22. bis 27. September 2007) Stuttgart: ibidem.

Frings, M./Weber, A. (2008): *„Occitan Leiçon N ° 1? M'en foti!* Okzitanisch im Französischunterricht", in: Frings, M./Vetter, E. (Hrsg.) Mehrsprachigkeit als Schlüsselkompetenz: Theorie und Praxis in Lehr- und Lernkontexten. Akten zur gleichnamigen Sektion des XXX. Deutschen Romanistentages an der Universität Wien (22. bis 27. September 2007) Stuttgart: ibidem, 171-179.

Fröhlich-Ward, L. (2003): „Fremdsprachenunterricht im Vorschul- und Primarbereich", in: HB FSU, 198-202.

Giardino, V. (2009): *Las aventuras de Max Fridmann. ¡No pasarán!. Tomo 2. Río de sangre*. Barcelona: Norma.

Gorini, U. (1997): *Storia di manuali per l'apprendimento dell'italiano in Germania (1500-1950). Un analisi linguistica socioculturale*. Frankfurt am Main: Lang.

Gouvernec, L. (2006): *„Mais il n'a rien compris à ce que j'ai dit, celui-là! La chanson L'incompétence de Lynda Lemay"*, in: FSU Frz 81/82, 78-81, 95.

Greenwood, J. (1990): *Class readers*. Oxford: Oxford University Press.

Grünewald, A./Küster, L. (2006, Hrsg.): Fachdidaktik Spanisch. Tradition, Innovation, Praxis. Stuttgart: Klett

Haberkern, R. (2007): *Louis Malle. Au revoir, les enfants*. Braunschweig, Darmstadt, Paderborn: Bildungshaus Schulbuchverlage.

Hallet, W./Königs, F. G. (2010a, Hrsg.): Handbuch Fremdsprachendidaktik. Seelze-Velber: Klett/Kallmeyer.

Hallet, W./Königs, F. G. (2010b): „Lehrpläne und Curricula", in: Hallet, W./Königs, F. G. (2010, Hrsg.): Handbuch Fremdsprachendidaktik. Seelze-Velber: Klett/Kallmeyer, 54-58.

Halm, W./Ortiz Blasco, C. (1990): *Temas*. Ismaning: Hueber.

Hauser, B./Humpert, W. (2009): signifikant? Einführung in statistische Methoden für Lehrkräfte. Zug: Balmer; Klett.

Heidtke. H./Söffker, S./Thiele, S. (2001): *Mille e un esercizio*. Bamberg: Buchner.

Helbig, B. (2001): Das bilinguale Sachfach Geschichte: Eine empirische Studie zur Arbeit mit französischsprachigen (Quellen-)Texten. Tübingen: Stauffenburg.

Helmke, A. (2009): Unterrichtsqualität und Lehrerprofessionalität. Diagnose, Evaluation und Verbesserung des Unterrichts. Seelze-Velber: Friedrich bzw. Klett/Kallmeyer.

Hinz, K. (2002): „Für und Wider *pre-reading activities* im fremdsprachlichen Literaturunterricht", in: Praxis des neusprachlichen Unterrichts 4, 348-353.

Jank, W./Meyer, H. (1991): Didaktische Modelle. Frankfurt am Main: Cornelsen Scriptor.

Joosten, S. (2001): *„Carmen − „la femme qui joue avec les hommes"* oder *¿cómo funciona la lengua española?"*, in FSU Frz 49, 36-41.

Kieweg W. (2003): „Mentale Prozesse beim Hörverstehen", in Der fremdsprachliche Unterricht Englisch 64-65, 20-32.

Klafki, W. (1971): „Didaktik und Methodik", in: Röhrs, Hermann (Hrsg.): Didaktik. Frankfurt am Main: Akademische Verlagsgesellschaft, 1-16.

Klinkert, T. (2002[2]): Einführung in die französische Literaturwissenschaft. Berlin: Schmidt.

Kraus, A. (2009): „L'ampelmann expliqué par Karambolage", in FSU Frz 100, 22-27.

Krings, H. P. (2003): „Italienisch", in: Bausch, K.-R./Christ, H./Krumm, H.-J. (Hrsg.): Handbuch Fremdsprachenunterricht. Tübingen, Basel: Francke, 538-542.

Krumm, H.-J. (1994): Stockholmer Kriterienkatalog. In: Kast, B./Neuner, G. (Hrsg.) Zur Analyse, Begutachtung und Entwicklung von Lehrwerken für den fremdsprachlichen Deutschunterricht. Berlin [u.a.]: Langenscheidt 100-104

Lago, B. Dal (1989a, Hrsg.): *Il regno die Fanes. Racconto epico delle Dolomiti.* Milano: Mondadori.

Lago, B. Dal (1989b, Hrsg.): *Fiabe del trentino Alto Adige.* Milano: Mondadori.

Lalana, Lac, F. (1997, Hrsg.): *Cómo se hizo la noche. Cuentos y leyendas del mundo de los indios.* Stuttgart: Schmetterling.

Lausberg, H. (1969): Romanische Sprachwissenschaft I. Einleitung und Vokalismus, Berlin: de Gruyter.

Leitzke-Ungerer, E. (2005): „Mehrsprachigkeitsdidaktik und Grammatikunterricht in den modernen Fremdsprachen. Transferprofile, empirische Überprüfung, Unterrichtsvorschläge", in: Zeitschrift für angewandte Linguistik 43, 33-59.

Lessig, D./Redmer, H. [Mitarb.] (1997): *Un drama en la selva amazónica.* Materialien zu *Un viejo que leía novelas de amor* von Luis Sepúlveda. Bonn: Romanistischer Verlag.

Leupold, E. (2000): „Nichts ist unmöglich! Handlungsorientiertes Üben im Fremdsprachenunterricht", in: Friedrich Jahresheft XVIII, 140-142.

Leupold, E. (2001): „*Automn, Automne, Autunno*, Herbst … methodische Schritte zu einem mehrsprachigen Gedichtvergleich", in: Der fremdsprachliche Unterricht Französisch 1, 26-29.

Leupold, E. (2004[3]): Französisch unterrichten. Grundlagen, Methoden, Anregungen. Seelze-Velber: Klett/Kallmeyer.

Leupold, E. (2005): Französisch lernen – Frankreich entdecken. Das Methoden- und Arbeitsbuch. Seelze-Velber: Friedrich.

Leupold, E. (2009): Miniglosar Fremdsprachenunterricht. Seelze-Velber: Klett/Kallmeyer, 49-54.

Leupold, E. (2010): „Bildungsstandards", in: Hallet, W./Königs, F. G. (Hrsg.): Handbuch Fremdsprachendidaktik. Seelze-Velber: Klett/Kallmeyer, 49-54.

Li-An (2009): *Boule de Suif de Guy de Maupassant.* Paris: Delcourt.

Lonchamps, J. A./Franciosini, L. (1655): *La novissima Grammatica delle trè lingue italiana, franzese, e spagnuola*, Venezia: Giunti.

Mader, M. (2005[3]): Lateinische Wortkunde für Alt- und Neusprachler. Der lateinische Grundwortschatz im Italienischen, Spanischen, Französischen und Englischen. Stuttgart: Kohlhammer.

Maritzen, N./Maritzen, N. (1991, Hrsg.): Guy de Maupassant – *Boule de suif.* Stuttgart: Klett.

Maritzen, N./Maritzen, N. (1991): Guy de Maupassant – *Boule de suif. Analyse modèle.* Stuttgart: Klett.

Mentz, O. (2004): „Bilingualer Unterricht mit der Zielsprache Französisch. Eine Untersuchung über die aktuelle Situation in Deutschland – Ein erster Zwischenbericht", in: Französisch heute 2, 122-133.

Meißner, F.-J. (1995): „Sprachliche Varietäten im Französischunterricht", in: FSU Frz 2, 4-8.

Meißner, F.-J. (2001a): „Aus der Mehrsprachenwerkstatt: lexikalische Übungen zum Zwischen-Sprachen-Lernen", in: FSU Frz 49, 30-35.

Meißner, F.-J. (2001b): „Situation der Partnersprachen Deutsch und Französisch im Rahmen der europäischen Mehrsprachigkeit", in: französisch heute 32, 251-272.

Meyer, H. (2004): Was ist guter Unterricht? Berlin: Cornelsen.

Mez de Braidenbach, N. (1666): *Gramática, o instrucción española y alemán.* Wien: Krüner.

Michler, Ch. (2005): Carlo Cassola: *La Ragazza di Bube in „italiano facile"*. Leistung und Grenzen in einer vereinfachten Schulausgabe", in: Neusprachliche Mitteilungen aus Wissenschaft und Praxis 58/3, 25-35.

Minerva, N. /Pellandra, C. (1991, Hrsg.): *Insegnare il francese in Italia. Repertorio di manuali pubblicati dal 1625 al 1860.* Bologna: Pàtron.

Miranda, G. (1566): *Osservationi della lingua Castigliana.* Venezia: Gioliti.

Mohren, M. (1991): *Hispanoamérica. Canción y realidad.* Bonn: Romanistischer Verlag.

Müller, H./Raabe, H. (1995): „Audiovisuelle Medien", in: Bausch, K.-R./Christ, H./Krumm, H.-J. (1995³, Hrsg.): Handbuch Fremdsprachenunterricht. Tübingen, Basel: Francke, 318-320.

Müller-Lancé, J. (2006): Der Wortschatz romanischer Sprachen im Tertiärsprachenerwerb. Lernerstrategien am Beispiel des Spanischen, Italienischen und Katalanischen. Tübingen: Stauffenburg.

Neumann-Holzschuh, I. (1992): „Spanisch: Grammatikographie", in: Holtus, G./Metzeltin, M./Schmitt, Ch. (Hrsg.): Lexikon der Romanistischen Linguistik 6,1: Aragonesisch/Navarresisch, Spanisch, Asturianisch/ Leonesisch. Tübingen: Niemeyer, 616-635.

Neumann-Holzschuh, I. (2002): „Das französische in Nordamerika", in: Handbuch Französisch. Kolboom I./Kotschi, T./Reichel, E. (Hrsg.) Berlin: Schmidt,105-114.

Neuner, G. (2003): Lehrwerke. In: HB FSU: 399-402.

Nieweler, A: (2000): „Sprachenlernen mit dem Lehrwerk. Thesen zur Lehrbucharbeit im Fremdsprachenunterricht", in: Fery, R./Raddatz, V. (Hrsg.). Lehrwerke und ihre Alternativen. Frankfurt am Main: Lang, 13-19.

Nieweler, A. (2001a): „Sprachübergreifend unterrichten", in: FSU Frz 49, 4-13.

Nieweler, A. (2001b): „Förderung schulischer Mehrsprachigkeit durch sprachübergreifendes Unterrichten", in: Abendroth-Timmer, D./Bach, G. (Hrsg.), Mehrsprachiges Europa. Festschrift für Michael Wendt zum 60. Geburtstag. Tübingen: Narr, 207-222.

Nieweler, A. (2006, Hrsg.): Fachdidaktik Französisch. Tradition, Innovation, Praxis. Stuttgart: Klett.

Noll, V. (2009²): Das amerikanische Spanisch. Ein regionaler und historischer Überblick. Tübingen: Niemeyer.

Nonnenmacher, H. (Hrsg.) *Tango Bolero Copla... Canciones populares modernas de España y de Hispanoamérica.* Stuttgart: Reclam.

Olivier, J./Hauzy, P. (2002): Stickerwortschatz Französisch: Im Urlaub. Stuttgart: Klett/Loreto: ELI.

Olivier, J./Tonni, T. (2002): Stickerwortschatz Italienisch: Im Urlaub. Stuttgart: Klett/Loreto: ELI.

Oudin, C. (1604): *Grammaire et observations de la langue espgnolle recueillies & mises en françois*, Paris: Orry.

Osorio, E. (1998): *A veinte años, Luz.* Madrid: Alba.

Overmann, M. (2009): *Histoire et abécédaire pédagogique du Québec avec des modules multimédia prêts à l'emploi.* Stuttgart : ibidem.

Pastor Villalba, C. (2008): „*Evaluar la narración*", in: FSU Spa 22, 14-19.

Pavese, C. (1962): „*La terra e la morte (1945 – 1946)*", in: *Poesie del disamore.* Torino: Einaudi.

Pavese, C. (1949): „*La casa in collina*", in: *Prima che il gallo canti.* Torino: Einaudi.

Peck, Ch. (2010): „*Neruda en el corazón*", in: FSU Spa 30, 28-37.

Pellandra, Carla (1989, Hrsg.): *Grammatiche, grammatici, grammatisti. Per una storia dell'insegnamento delle lingue in Italia dal Cinquecento al Settecento.* Pisa: Libreria Goliardica.

Piquet, M./ Denisot, H. (2002): *Tatou le matou. Le français pour les petits.* Paris: Hachette.

Platthaus, A. (2008): Die 101 wichtigsten Fragen. Comics und Manga. München: Beck.

Pöckl, W./Pöll, B./Rainer, F. (2007[4]): Einführung in die romanische Sprachwissenschaft. Tübingen: Niemeyer.

Polzin-Haumann, C. (2001): „Gebrauchsgrammatik" aus terminologischer Sicht: Konzepte und Begrifflichkeit in den Werken von Bosquet (1589) und Chiflet (1659)", in: Dahmen, W. (Hrsg.): „Gebrauchsgrammatik" und „Gelehrte Grammatik". Französische Sprachlehre und Grammatikographie zwischen Maas und Rhein vom 16. bis zum 19. Jahrhundert. Tübingen: Narr, 131-147.

Quetz, J. (2010): „Gemeinsamer Europäischer Referenzrahmen", in: Hallet, W./Königs, F. G. (Hrsg.): Handbuch Fremdsprachendidaktik. Seelze-Velber: Klett/Kallmeyer, 45-49.

Raabe, H. (2003a): „Grammatikübungen", in: Bausch, K.-R./Christ, H./Krumm, H.-J. (Hrsg.), Handbuch Fremdsprachenunterricht. Basel, Tübingen: Francke, 283-287.

Raabe, H. (2003b): „Audiovisuelle Medien", in: Bausch, K.-R./Christ, H./Krumm, H.-J. (Hrsg.), Handbuch Fremdsprachenunterricht. Basel, Tübingen: Francke, 423-426.

Raabe, H. (2003c): „Französisch", in: Bausch, K.-R./Christ, H./Krumm, H.-J. (Hrsg.), Handbuch Fremdsprachenunterricht. Basel, Tübingen: Francke, 533-538.

Rattunde, E. (1990): Poésie et écriture poétique. Möglichkeiten eines kreativen Umgangs mit poetischen Texten im Französischunterricht (Chanson – comptine – poème). Frankfurt am Main: Cornelsen/Hirschgraben.

Reimann, D. (2009): Italienischunterricht im 21. Jahrhundert. Aspekte der Fachdidaktik Italienisch. Stuttgart: ibidem.

Ribas Moliné, R./d'Aquino Hilt, A.(2004): ¿Cómo corregir errores y no equivocarse en el intento? Madrid: Edelsa.

Rifesser, T. (1994): Drei Sprachen unter einem Dach. Das Schulmodell an den Schulen der ladinischen Täler in der Autonomen Provinz Bozen/Südtirol. Bozen: Istitut Pedagogich Ladin.

Rodari, G. (1973): Grammatica della fantasia. L'introduzione all'arte di inventare storie. Torino: Einaudi.

Rodari, G. (1995): I cinque libri. Storie fantastiche, favole, filastrocche. Torino: Einaudi.

Rodríguez, N. A. (1998): Paula.doc. Madrid: Publicaciones de la asociación de directores de escena de España.

Rössler, A. (2007): „Poetisches Schreiben im Spanischunterricht", in: Der fremdsprachliche Unterricht Spanisch 23, 36-40.

Rössler, A. (2008a): „Standards ohne Stoff? Anmerkungen zum verschwinden bildungsrelevanter Inhalte aus den curricularen Vorgaben für den Französisch- und Spanischunterricht", in: Lüger, H.-H./Rössler, A. (Hrsg.): Wozu Bildungsstandards? Zwischen Input- und Outputorientierung in der fremdsprachenvermittlung: Landau Verlag Empirische Pädagogik.

Rössler, A. (2008b): „Zwischen individueller und kollektiver Lektüre. Kinder- und Jugendliteratur im Spanischunterricht", in: Der fremdsprachliche Unterricht Spanisch 23, 4-8.

Rottmann, B. (2006): Sport auf Englisch. Lerngelegenheiten im bilingualen Sportunterricht. Wiesbaden: Verlag für Sozialwissenschaften.

Russo, M./Vázquez, M. (2006): A la una, a las dos, a las tres. Stuttgart: Klett.

Saraceni, M. (2003): The language of Comics. London: Intertext.

Scherling, T., Schuckall, H. F. (1992): Mit Bildern lernen. Handbuch für den Fremdsprachenunterricht. Berlin, München: Langenscheidt.

Schiffler, L. (1995): Planung des Französisch-Anfangsunterrichts. Einführung für den Lehrer in der Ausbildung. Stuttgart: Klett.

Schiffler, L. (2000): „Signalgrammatik für den Französischunterricht", in: Düwell, H./Gnutzmann, C./Königs, F. G. (Hrsg.), Dimensionen der Didaktischen Grammatik. Festschrift für Günther Zimmermann zum 65. Geburtstag. Bochum: AKS-Verlag, 265-280.

Schilder, H. (1995): "Visuelle Medien", in: Bausch, K.-R./Christ, H./Krumm, H.-J. (Hrsg.), Handbuch Fremdsprachenunterricht. Basel, Tübingen: Francke, 312-314.

Schlingloff, G. (2002): „Reihenplanung im Literaturunterricht Französisch. Eine Strategie zur Erstellung eigener Unterrichtsreihen", in: Praxis des neusprachlichen Unterrichts 3, 269-275.

Schneider, R. (1988): *Poésie et créativité. Poèmes choisis pour les adolescents*. Berlin, München: Langenscheidt.

Schumann, A. (2008): „Stereotype im Französischunterricht. Kulturwissenschaftliche und fachdidaktische Grundlagen", in: Schumann, A./Steinbrügge, L. (Hrsg.): Didaktische Transformation und Konstruktion. Zum Verhältnis von Fachwissenschaft und Fremdsprachendidaktik. Frankfurt am Main: Lang, 113-127.

Schumann, A./Steinbrügge, L. (2008, Hrsg.): Didaktische Transformation und Konstruktion. Zum Verhältnis von Fachwissenschaft und Fremdsprachendidaktik. Frankfurt am Main: Lang.

Sepúlveda, L. (1989): *Un viejo que leía novelas de amor*. Barcelona: Tusquets.

Siekmann, A. (1998, Hrsg.): Arbeitstexte für den Unterricht. Motivgleiche Gedichte. Stuttgart: Reclam.

Sierra i Fabra, J. (1998): *La memoria de los seres perdidos*. Madrid: SM.

Spinner, Kaspar. (1987): „Rezeptionshandlungen / Produktionsaufgaben", in: Willenberg, H. (Hrsg.), Zur Psychologie des Literaturunterrichts. Frankfurt am Main: Diesterweg, 188-203.

Solmecke, G. (2003): „Das Hörverstehen und seine Schulung im Fremdsprachenunterricht", in: Der fremdsprachliche Unterricht Englisch 64-65, 4-10.

Stackelberg, J. von (2004, Hrsg.): Spanische Lyrik. 50 Gedichte aus Spanien und Lateinamerika. Stuttgart: Reclam.

Tanguy, M.-C. [et alii] (2002): *Rénette*. Berlin: Cornelsen.

Terhart, E. (1989): Lehr-Lern-Methoden. Eine Einführung in Probleme der methodischen Organisation von Lehren und Lernen. München, Weinheim: Juventa.

Thiele, S. (2002-2003): „Didaktisch-methodische Überlegungen zur Lyrik im (Fremdsprachen-)Unterricht", in Ladinia XXVI-XXVII, 405-420.

Thiele, S. (2010a): Wintersport auf Französisch. Ein bilinguales Sachfachprojekt Französisch-Sport in authentischer Lernumgebung", in: Frings, M./Leitzke-Ungerer, E. (Hrsg.) Authentizität im Unterricht romanischer Sprachen. Stuttgart: ibidem, 245-260.

Thiele, S. (2010b): „Literatur im Fremdsprachenunterricht – Vorschläge für die Vorbereitung auf das Praxissemester", in RomSD 4,1, 121-133.

Thiele, S. (2011): „Kanadisches französisch im Unterricht – Lynda Lemay: les maudits Français", in: Frings, M./Schöpp, F. (Hrsg.): Varietäten im Französischunterricht. 1. Französische Fachdidaktiktagung (Gutenberg-Gymnasium, Mainz). Stuttgart: ibidem 2011, 65-77.

Thürmann, E. (2002): „Mehrsprachigkeit – didaktische Sicht", in: Krüger-Potratz, M. (Hrsg.) Mehrsprachigkeit macht Europa. Texte und Dokumente zu Mehrsprachigkeit und Schule. Münster: Institut für interkulturelle Pädagogik, 25–32.

Tichauer, E. (1985): Comunicación en torno a Hispanoamérica. Frankfurt am Main: Vervuert.

Valentin, D./ Thiele, S. [Mitarb.]. (2008): *Cufer de ladin. Curs de ladin (Val Badia)* / Ladinischkurs (Gadertal). *Curs de ladin (liber da studié cun CD), Sföi de eserzizi (cun CD), Glossar dl Curs de ladin: ladin (Val Badia) – todësch y deutsch – ladinisch (Gadertal)*. San Martin de Tor: Istitut Ladin Micurà de Rü.

Vassevière, J./Ader, W. [Bearb.] (1995): Lektürehilfen Émil Zola «*Germinal*». Stuttgart: Klett.

Vences U. (2009): „Hoffnung in dunklen Zeiten – der Jugendroman Retorno a la libertad", in FSU Spa 24, 12-18.

Vercors (1994): *Ce jour-là*, in: *Contes célèbres du XXe siècle. Analyses modèles*. Stuttgart: Klett, 52-66.

Vignaud, M.-F. (2006): „*Qu'est-ce que je mets ce matin?*", in: FSU Frz 81/82, 62-65.

Villanes Cairo, C. (1990): *Retorno a la libertad*. Madrid: SM.

Wandruszka, M. (1981): Die Mehrsprachigkeit des Menschen. München: dtv.

Weinstock, K.-E. (2009): Jordi Sierra i Fabra – *La memoria de los seres perdidos*. Paderborn: Schöningh.

Weller, F. R. (2007, Hrsg.): *Récits très courts*. Stuttgart: Reclam.

Wilkening, M. (2001): „Schülerorientierte Behandlung von französischer Kurzprosa", in: Praxis des neusprachlichen Unterrichts 3, 293-300.

Willenbrink, B. (2009): *La lengua de las mariposas y otros relatos*. Paderborn: Schöningh.

Wilts, J. (2001): „Grundzüge einer Spielfilmdidaktik für den Französischunterricht", in: Neusprachliche Mitteilungen aus Wissenschaft und Praxis 4, 210-221.

Wilts, J. (2003): „Vom bewegten Bild zum bewegten Klassenzimmer", in: FSU Frz 62, 4-11.

Winkelhagen, J. (2002): „*Le Québec, je me souviens bien*", in: FSU Frz 60, 4-10.

Zamponi, E. (1986, Hrsg.): *Fiabe italiane. Raccolte e trascritte da Italo Calvino. I. Italia settentrionale*. Torino: Einaudi.

Webliographie [letzter Zugriff: 19. Oktober 2011]

www.bildung-staerkt-menschen.de/service/downloads/Bildungsstandards/Gym/Gym_I_3f_bs.pdf
http://fr.wikisource.org/wiki/Le_Petit_Chaperon_rouge_(Perrault)
http://db2.nibis.de/1db/cuvo/datei/KC_franz_gym_i.pdf
http://db2.nibis.de/1db/cuvo/datei/KC_spanisch_gym_i.pdf
http://platea.pntic.mec.es/cvera/hotpot/les_maudits_francais.htm
http://www.eurocom.uni-frankfurt.de/siebe/7Siebe/BIN/index.htm
http://www.frmusique.ru/texts/m/mouloudji_marcel/jailemaldeparis.htm
http://www.lehrerfreund.de/medien/paedagogik/terhart-lehr-lern-methoden.pdf.
http://www.ph-ludwigsburg.de/html/2b-frnz-s-01/overmann/baf3/
http://www.quino.com.ar
http://www.satt.org/italo-log/100.html
http://www.schulministerium.nrw.de/ZBL/Reform/Lehrerausbildung/Reformentwurf_25_11.pdf
http://www.youtube.com/watch?v=GB0rgNR5ri8